子どもの生活と児童文化

川北典子・村川京子・松崎行代 編著

創元社

まえがき

　日々の生活のなかで、子どもが手を伸ばせば届くところに、絵本や玩具は存在します。自由で自発的な遊びの機会をひとり残らず保障されているのが、乳幼児期です。近年、そのような環境に恵まれない子どもについての報道を見聞きし、心痛めることも多いのですが、それでも、子どもが育っていくうえで児童文化がいかに大きな役割を果たすかを、子どもにかかわるおとなのほとんどは承知しているのではないでしょうか。

　けれども、保育学や幼児教育学でさえ実学であるといわれ軽視される風潮のなかで、その有益性を科学的に実証することの難しい児童文化学が、市民権を得ることは困難を極めてきました。保育士や幼稚園教諭の養成課程においても、必修科目とされたのはほんの一時期であり、選択必修科目にさえならない養成校では、保育内容の中に児童文化の理論を組み込んだり、実習指導のなかで子どもとかかわるテクニックとして実技を取り入れているのが現状です。児童文化が、子どもをとりまく学問領域のひとつとして、しっかりと位置づけられるためには、一人ひとりの子どもと向き合って丁寧に文化を届けることができる実践力を備えた保育者の養成が不可欠なのです。

　また、家庭の教育力の低下や育児環境の変化によって、子育て支援の必要性が周知のこととなった現在、親と子が楽しい時間を共有できるさまざまな児童文化財の機能を、もっと子育て中のお母さんやお父さんに知ってほしい……そして、地域の人々が、常に子どもとともに暮らす環境に目を向けてほしい……そんな思いも込めて、本書は生まれました。

　日本の大学で（おそらく世界の大学で）、初めて児童文化学の講義をおこなったのは、京都女子大学名誉教授の故・中川正文先生でした。このたび、縁あって、その大学で学ぶ機会を得た者が集い、それぞれの学びの成果をここに著すことができたことは望外の喜びです。

　遅々として筆の進まない私どもを叱咤激励してくださった同窓の先輩諸姉、気長におつき合いくださった創元社の紫藤崇代さんに、心よりお礼申し上げます。

　子どもとともに歩むたくさんの人に、本書が届けられますように。

2015年初秋　　編者一同

まえがき ……………………………………………………………… 1

① はじめに …………………………………………………… 4
  1. 児童文化の定義 …………… 4
  2. 児童文化の歴史 …………… 6
  3. 保育現場での児童文化 …………… 10
  4. 家庭での児童文化 …………… 13

② 絵　　本 …………………………………………………… 15
  1. 絵本の歴史 …………… 15
  2. 物語絵本が育てるひとの気持ち …………… 20
  3. 乳児期のわらべうたとわらべうた絵本 …………… 22
  4. ディック・ブルーナ作『うさこちゃん』シリーズ：
     主人公と読者の成長 …………… 24
  5. 月刊保育絵本の魅力 …………… 27

③ 児童文学 …………………………………………………… 32
  1. 日本児童文学の歴史 …………… 32
  2. 児童文学と子ども …………… 38
  3. いぬいとみこの人と作品 …………… 40

④ 紙芝居 ……………………………………………………… 45
  1. 紙芝居の歴史と概要 …………… 45
  2. 保育内容と紙芝居 …………… 49

⑤ 人形劇 ……………………………………………………… 54
  1. 人形劇の歴史 …………… 54
  2. 人形劇の特徴 …………… 59
  3. 子どもにとっての人形劇 …………… 64

⑥ アニメーション …………………………………………… 70
  1. 日本のアニメーション …………… 70
  2. アニメの内容と表現 …………… 77
  3. 子どもとアニメ …………… 79

⑦ おはなし ……………………………………………… 81
1. 口演童話とストーリーテリング……………… 81
2. 保育内容とおはなし……………… 85
3. 熊見杖童の活動……………… 89

⑧ 子どもと劇的活動 〜ごっこ遊び・劇遊び・劇〜 …… 94
1. ごっこ遊び……………… 94
2. 劇遊び……………… 98
3. 劇……………… 101

⑨ 子どもと行事 …………………………………………… 105
1. 行事〜年中行事と人生儀礼〜……………… 105
2. 人生儀礼……………… 106
3. 年中行事……………… 109
4. 伝統的行事と子どもの育ち——新野の雪祭りを事例に……………… 112
5. これからの社会において行事のもつ意味……………… 114

⑩ 子どもと遊び ……………………………………………… 117
1. 子どもの育ちと遊び……………… 117
2. 冒険遊び場の創造と活動……………… 121
3. 遊びを豊かにする遊具と玩具……………… 125

⑪ 子どもの居場所としての児童文化施設 …… 130
1. 児童館……………… 131
2. 子ども文庫……………… 134
3. 児童図書館（児童室・児童コーナー）……………… 138
4. 児童博物館……………… 143

⑫ 子育て支援と児童文化 ……………………………… 148
1. 子育て支援の概要……………… 148
2. 地域子育て支援と児童文化……………… 152
3. 子育て支援と児童文化財……………… 157

おわりに　保育を学ぶ人々と児童文化 ……………………… 162

索引 ……………………………………………………………… 164

1 はじめに

1. 児童文化の定義

①「児童文化」のことばと意味

　「児童文化」ということばは、日本でつくられた独自の用語であるといわれています。歴史をさかのぼれば、大正期に出版された複数の書籍において「児童文化」という言葉が見られることから、1920年代半ばから使われ始めたものであると推定はできます。ただし、その内容や定義について明確に論じられたうえで使われたものではなかったようです。
　実は、児童文化とは何かということについては、現代においてもなお曖昧で、さまざまな論議がなされています。それは、児童文化の概念が、幅広く多様であるためだといえるでしょう。児童文化とは何かと考えるとき、絵本や児童文学、紙芝居や玩具など、おとなが子どものために創造した文化財を中心に挙げるもの、子ども自身の創造活動およびそこから生まれる所産をまず第一であると捉えるもの、また、遊びを中心とした子どもの活動と、それを支えるおとなの活動に重点をおくもの、さらには、児童館や児童図書館などの文化施設についても、子どもの生活を支えるものとして重視しようとするものなど、いろいろな説が混在しているのが現状です。その結果、「児童文化」は、子どもにとってなくてはならないものであると認識はされつつも、おとながそれらについて改めて論じるほどのものではないと考えられ、学校教育における文化的な価値

と比較されたときに軽視されることも多かったのです。

　しかし、いずれにしても、広い意味での「児童文化」の概念は、人間の歴史とともに存在していたといえます。おとなが、さまざまな生産活動に携わるかたわらで、子どもは、玩具を見つけ出し、それらに手を加えつつ、自らの遊びを豊かにしていきました。また、親が労働に従事し、子どもに目をいきとどかせることができないときには、祖父母が昔話や創作の物語を語るなかで、生活に必要な技術や方法を伝達していったのです。そういう意味では、子どもの文化は、常に子どもの生活とともに在り、その活動のなかで発展してきたものであるといえるでしょう。

② 児童文化の領域

🌱 対象となる子ども

　児童文化の担い手は、当然のことながら子どもです。児童文化の流れを全体として見わたしたとき、それらは、多かれ少なかれおとなが支えてきたものであるといえますが、しかしながら、子どもの実践的活動を抜きにして語ることはできません。

　「児童」は、法的には、児童福祉法においては18歳未満、少年法では20歳未満（「少年」）、労働基準法では15歳未満、そして、学校教育法では小学校就学の者（「学齢児童」）となっていますが、児童文化の視点から考えるとなると、もう少し子どもの精神的・身体的発達を踏まえた認識が必要となるでしょう。そこで、発達学上における分類から、2歳頃から14、5歳頃まで、すなわち教育制度上でいう幼稚園期、小学校期、中学校期を対象範囲とするのが、一般的とされています。

　ただし、今日の絵本や玩具、そして映像文化などをめぐる現状は、質的にも量的にも多様化を極めています。それらの状況から考えると、児童文化の対象とすべき子どもについては、生後3か月頃の乳児期から、ヤングアダルトと呼ばれる青年前期あたりまで含めるのが妥当であると考えられますが、時には新生児期や胎児期まで含める場合もあります。

児童文化の区分

児童文化を内容上で区分した場合、滑川道夫は次のように示しています。
・児童文化財　・児童文化施設　・児童文化施策　・児童文化運動
・児童文化活動、組織　・児童文化問題　・児童文化研究　・児童文化史

さらに、児童文化を広義に捉え、衣食住を含めた子どもの生活内容すべてと考えて区分している場合もあります。児童文化の構造を、子どもの文化的活動を軸にして考えた場合には、子どもの活動に直接かかわる文化と、子どもの文化的活動を間接的に援助する文化に分けられます。なかでも、子どもの活動に直接かかわる文化は、そのうえさらに、子ども自身が創造する文化と子どもが享受する文化とに分けることができます。

児童文化理論の確立が遅れている原因のひとつとして、その領域の広さと多様性が挙げられます。従来はその研究領域として、個々の児童文化財を対象としたものが圧倒的多数を占めていましたが、今後は、子どもの生活全体を包括するような視点を大切にしながら、児童文化を捉えていく必要があるでしょう。

2. 児童文化の歴史

① 萌芽期

児童文化財の誕生

日本の近代的児童文化史は、明治期も後半にさしかかった頃から始まります。すなわち、明治以前の封建時代から長く続いてきた、女性や子どもを「女、子供」として軽視する風潮が、近代的児童観の芽生えにより、ようやく一個の人格を持った人間として尊重するところにたどりついたのです。

明治30年代には、児童心理学研究に手がつけられ始め、高島平三郎や松本孝次郎、三田谷啓など、心理学者や医学者によって、先進諸国の児童研究も進められました。そして、そのなかで、児童文学、絵本、玩具など児童文化財についての研究も始められることになったのです。

巌谷小波と児童文化

　また、同じ頃、巌谷小波（1870～1933）によって、日本の近代的児童文化は、誕生と同時に飛躍的な発展を遂げることになります。小波は、1891（明治24）年に『こがね丸』を発表して以来、雑誌「少年世界」（1895～、博文館）の主筆として、また、「日本昔噺」24編（1894）、「日本お伽噺」24編（1897）、「世界お伽噺」100冊（1899）を刊行するなど、多数の児童文学全集および雑誌の編集に携わりました。明治から大正にかけては、小波を中心とする「お伽噺」の時代であるともいえます。

　巌谷小波は、本名を巌谷季雄といい、1870（明治3）年、東京に生まれました。巌谷家は、近江水口藩の藩医の家柄でしたが、小波の父、一六は書家としても著名で、新政府では書記官の仕事も担っていました。後には貴族院議員ともなり、小波は裕福な家庭で育ちました。10歳の時に、兄が留学先のドイツからドイツ語の勉強のためにと送ってきた昔話や童話の書籍により、文学に関心を持つことになります。その後、周囲の反対を押し切って医学への道を放棄し、大正期にかけての日本の児童文化を支える人物となるのですが、その功績は、文学のみならず、口演童話や児童劇の開拓にもおよぶ幅広いものでした。

玩具の進歩

　明治期にはそのほか、玩具においても、新たな素材が使われるようになります。1872（明治5）年にはブリキ製の玩具が輸入され、次いでゴム製・セルロイド製玩具やぜんまい仕掛けの玩具が出始めました。また、江戸時代に発明された「写し絵」が、1880年代の終わりには「幻燈」として、教育用・娯楽用に用いられるようになりました。

　安価な玩具が駄菓子屋で売られ、子どもの遊びが多様化する一方で、大都市では博覧会がしばしば開かれ、外国の精巧で高価な玩具も入ってくるようになりました。玩具界においても、海外からのすぐれた文明を取り入れ、それに日本独自の技術を付加していった時代であるといえます。

② 成立期

❦「赤い鳥」の刊行

　大正期は、前時代に芽生えた児童文化が、着実に育ち、花開き始めた時代であるといえるでしょう。その中心となるのが、鈴木三重吉主宰の雑誌「赤い鳥」ですが、その背後には、第一次世界大戦後の日本における資本主義社会体制の確立、そして、教育の分野における童心主義、芸術自由教育の台頭などが見られます。「赤い鳥」の北原白秋による児童自由詩、山本鼎（かなえ）による児童自由画、鈴木三重吉による児童の綴り方作品などの推奨は、いずれも児童文化の新時代を拓くものとして注目されました。

　また、「赤い鳥」を中心とする児童芸術運動は、創作の童謡や児童舞踊、童話劇をも生み出し、それらは、学校や家庭における子どもの身近な文化活動として、全国に普及していきました。

❦ 赤本絵本の隆盛

　一方で、椛島勝一（かばしまかついち）、織田信恒（おだのぶつね）の『正ちゃんの冒険』など人気漫画が出現し、赤本絵本といわれた安価な絵本が駄菓子屋の店頭に並べられるなど、いわゆる大衆的児童文化も発展の兆しを見せていました。児童漫画は、昭和に入ると、『冒険ダン吉』（島田啓三）、『のらくろ』（田河水泡）の登場によって、ますます子どもたちの人気を集めることになっていきます。

　さらに、大正期の終わりから昭和にかけては、童心至上主義の「赤い鳥」に対する批判が起こり、プロレタリア児童文学が盛んになっていきました。つまり、社会主義的思想の浸透にともなって、子どもを、おとなとは異なる可愛らしく純真な存在とする見方から、子どもの社会的存在を認める方向へと視点が変わっていったのだといえます。

❦ 街頭紙芝居の発展と衰退

　1930年代に入った頃からは、紙芝居が街頭でおこなわれるようになり、またたく間に全国へと普及していきました。1935（昭和10）年には、街頭紙芝居を生

業としている人々が、実に3000人を超えていたともいわれています。けれども、一時期それほど隆盛を極めた街頭紙芝居ですが、主として教育的見地から、その内容や絵の通俗性や俗悪性に対して批判が起こり、徐々に衰退していくことになります。そして、戦後『黄金バット』の登場によって一時は復活するものの、やがて教育紙芝居の普及にも影響を受けて次々と廃業していきました。

また、街頭紙芝居衰退のもうひとつの原因は、ラジオをはじめとする新しいメディアの台頭にもあります。ラジオ放送（JOAK）は、昭和に入ってすぐ開始され、「子供の時間」という人気番組をつくりました。さらに、第二放送が始まってからは、放送児童劇や口演童話なども放送されました。これによって、じかにそれらの文化財に触れる楽しみはないにしても、より多くの子どもたちに届けられる機会がつくられたといえます。なお、1935（昭和10）年には、学校放送も開始され、ラジオは、子どもたちにとってより身近なものとなりました。

🌱 戦時期と児童文化

このように、児童文化は、この時期多様な広がりを見せはしましたが、さらなる発展の道は、満州事変、日華事変、上海事変と移行する社会情勢の厚い壁に阻まれてしまうことになります。それは、日本の子どもにとって、また児童文化の歴史にとって、本当に不幸なことであったといえるでしょう。

1938（昭和13）年秋、内務省警保局図書課は、俗悪な児童文化財を排除するという名目で、「児童読物改善ニ関スル指示要綱」を出しました。続いて、紙芝居にも検閲制度が設けられます。戦争を肯定し、戦争を賛美する作品でなければ出版が許可されなくなりました。そして、1940年代に入ると、ますます統制強化がなされ、児童文化も「少国民文化」と改称されることになります。

③ 発展期

🌱 戦後の児童文化

戦後、大政翼賛会による「少国民文化協会」が解散したあとは、戦火を免れた絵本が続々と出版されるようになります。また、占領軍の検閲のもとに、新たな児童文化雑誌も次々と創刊されました。ただし、この時期はまだ、経済的

事情や社会情勢の不安などから、多くの雑誌は、たとえその志は高くても、存廃の激しい浮き沈みに巻き込まれていたといえます。

　そのようななかで、1947（昭和22）年には、6・3制学校教育が実施され、子どもの文化への関心と期待が急速に高まっていきました。また、同年の児童福祉法、1951（昭和26）年の児童憲章などの制定も、戦後の児童文化発展の基盤のひとつとなりました。

映像文化と児童図書出版

　さらに、1953（昭和28）年、テレビの放送が開始され、映像文化をめぐる問題の契機となります。テレビは、子どもの衣食住にかかわる生活文化すべてに影響を及ぼしました。また一方で、同年、学校図書館法が公布され、全国の学校に図書館設置の運動が展開されました。そして、それによって、児童図書出版の業界も活性化されていくことになります。

　ところが、現在はどうでしょう。年々子どもの読書量が減少しているといわれ、子どもの本離れが指摘されています。他方、テレビを中心とした映像文化が、乳幼児の生活のなかにも入り込み、子どもの創造性や自主性を脅かしているのです。玩具においても、商業主義の市場のなかで、必然的に、子どもや親の購買意欲をかきたてる方法が安易にとられているのが現状です。そしてその結果、芸術性の高い文化的なものは隅に追いやられ、単に娯楽性の強いもの、そしてまた、知識向上に徹したものが志向される傾向にあります。今後、子どもたちがより豊かな文化的環境のなかで育まれるために、再考しなければならない課題は数多いといえます。

3. 保育現場での児童文化

① 保育の方針と児童文化

　保育の場では、児童文化財はいわゆる「保育教材」として活躍します。絵本、おはなし、紙芝居、人形劇、玩具……いずれも、日々の保育に欠かせない文化財であり、教材であるといえます。けれども、どのようなかたちでそれらを保

育のなかで選択し活用しているかは、それぞれの園の保育の方針によります。
　例えば、絵本をどれだけそろえるか、どのような基準で選択するか、そして、それらをどのように配置するのか、各保育室に並べるのか、絵本の部屋を一室設けるのか、どのように配架するのか。毎週、毎月、保育者のお薦めの絵本を、保育室や図書室だけでなく、階段の踊り場などわずかな空きスペースの子どもの目につくところに並べている園もあります。保護者の目にも留まるよう配慮している園もあります。これらは、すべて、その園が子どもにとっての絵本をどのように捉えているのか、また、保育内容のなかで、どのように絵本を活かしていこうと考えているのかといった方針によるのです。
　玩具についても同様です。園庭に置く遊具まで含めると、各園の方針によって、実にさまざまな環境が構成されています。子どもの遊びの幅を広げようという意図で、玩具を多種類そろえている園もあれば、遊びが限定されることを避け、想像力や創造性を高めるために、市販の玩具はできるだけ置かず、自然素材の活用や保育者による手作りの玩具を重視している園もあります。玩具が保育室の棚に常に並べてある園もあれば、玩具を箱に収納するところで遊びが完結すると捉えている園もあります。これらは、園が子どもの遊びについてどのように考えているかによって、大きく左右されるのです。遊具の場合は特に、園庭の広さや周辺の環境によってもさまざまな制約を受けることがあり、園の創意工夫が求められます。

② 保育内容と児童文化

　いずれにしても、日々の実践における保育内容と児童文化財、児童文化活動は密接に関連しているといえます。朝登園し、保育者との挨拶を交わすと、多くの保育所や幼稚園では、全員がそろうまでは個々の遊びが始まります。玩具や絵本を使う遊び、道具を用いない遊び、室内での遊び、園庭での遊び、子ども集団での遊び、保育者も交えた遊びなど、年齢によって実にさまざまな遊びが展開されることになります。
　なかには、そのような一定の時間を利用して、園全体で異年齢によるコーナー遊びを取り入れている幼稚園もあります。年少の子どもたちは、年長の子どもたちの遊ぶ様子を見て、遊びの方法や楽しみ方を覚え、そこから文化の伝承

が実践されていきます。また、子ども自らが遊びを選択できる環境を整えることによって、ともすれば自由度や自発性を失いがちな保育現場での遊びを、より本来の遊びに近いかたちで取り入れていくことが可能になることも評価できるところです。

　いうまでもなく、子ども自身の自発的な活動は、活動の過程そのものに意義があります。できあがったものを単におとなの基準で、うまくできている、できていないと評価することは意味のないことだといえます。昨日はできなかったことを、今日は自分なりに工夫してできるようになった、あるいは友だちの作品からヒントを得たり、保育者や友だちの援助を少し得ることによってできるようになったという姿が見られたとき、それらの過程をとおして、子どもたちは手や身体を使い、道具を用いる技術を身につけ、何より自らの作品に愛着と自信をもっていくのだといえるでしょう。保育者は、子どもの発達の過程に基づく行動を予測し、それが容易に進められるような環境を準備するとともに、子どものわずかな進歩にも目をとめ、褒めたり励ましたりすることを心がけなければなりません。

　また、集団活動として、クラス全体で一つのものを創りあげることもあります。どの子にも役割があり、持っているものを十分に発揮することができる活動のなかで、子どもは仲間と協調すること、仲間の力を認め、信頼し合う人間関係の基礎を築いていくのだといえるでしょう。

　多様な児童文化財や、それを使った活動が、子どもの心身を豊かに育むための栄養となることを踏まえ、園の方針のみならず、個々の保育者が、何をどのように担当の子どもたちに提供していくかを考えて日々の保育にかかわる必要があります。特別な支援が必要な子どもも含めて、一人ひとりの子どもに合わせた児童文化財（保育教材）を選択し、手渡していくことのできる力を、保育者自身が身につけていくことが望まれます。

4. 家庭での児童文化

① 子どもの生活全般にかかわる児童文化

　子どもの生活のなかで、文化的環境を必要としないものは何ひとつありません。そういう意味では、児童文化は、子どもの生活全般にかかわるものとして、より広義に解釈した方が自然であるといえます。
　例えば、子どもたちが身につける衣服のデザインや素材はどのようなものが適切であるのか。食事の際に使用する食器の場合はどうか。外遊びに適した靴には、どのような機能性が必要なのか。これらについては、子どもの育ちを考えたとき、絵本や玩具の選択と同じように重要なものとして、児童文化による視点からも考えてみる必要があるでしょう。

② 育児文化をめぐる諸問題

　近年、若い保護者を悩ませていることのひとつに、情報過多の問題があります。子育ての指針として、親は何を選択すればよいのでしょうか。前述の衣服について、インターネットで「幼児服」と検索すれば、膨大な量の情報を得ることができます。「素材」や「デザイン」「メーカー」といったキーワードで絞り込んでいっても、驚くほど多くの商品情報が現れます。けれども、便利なことがすぐに"いいもの"に結びつくものではないことを、親として、消費者として、われわれおとなは熟慮しておかなければなりません。それと同時に、迷ったときに身近な人に「聞ける」環境が、子育てには必要なのだといえます。
　少子化が進むことで、少ない子どもにでき得る限り手をかけて育てようという風潮も生まれます。100人子どもがいれば、100通りの育て方があるといえますが、現代社会にはそういう寛容さが認められないことも多く、それらが子育てに奮闘する親をどんどん追いつめていってしまいます。
　また、他の子どもの知識や体験から遅れたくないという親の意識を利用して、種々の教材販売やおけいこごとの勧誘も盛んに行われています。なかには、絵本セットの訪問販売に訪れ、購入者リストとして同じ年頃の子どもを持つ近隣の家庭の名を挙げて、いたずらに購買意欲を引き出そうとしたり、「今、この時

期にはこれだけのことができなければいけない」などと不安感をあおる業者もあるといいます。保護者として、しっかりした判断力が求められます。

③ 児童文化財の役割

　乳児向け絵本を「しつけ」のための教材と考えている人々もいます。また、幼い頃から絵本や児童文学に親しんでおくと知的な能力が備わるといった考えや、国語をはじめとする教科に結びつけた利点を強調するメディアもみられます。けれども、そもそも、絵本や児童文学は、そのような「しつけ」や知的能力開発のためのツールなのでしょうか。絵本を一度も読まなくても、子どもはおとなになっていけるのですが、幼い頃に、おとなに見守られ、楽しい物語の世界を共有して過ごした経験は、何ものにも代えがたい財産として、心に残っていくと思います。

　子どもの年齢が低い頃ほど、絵本は、親と子どもが楽しい世界を共有するための大切な役割を果たします。結果的にいい意味での「しつけ」をすることができたとしても、子どものための文化財は、あくまで子どもの心を豊かに育むためにあるのだということを、供給する側も享受する側も理解しておく必要があります。

　私たちの生活が、消費社会のなかで成り立っていることは動かしがたい事実であり、どれだけ売れるかという数字が、商品を生み出す側にとって重要事項であることはやむを得ないことであるともいえます。しかしながら、子どもの心の栄養という面から児童文化を考えたとき、子どもの周囲に否応なく存在する文化的環境のあり方を、私たちは丁寧に検証していかなければなりません。そしてまた、現代のこの情報網が張りめぐらされた空間において、子育てに大切なもの、必要なものを、当事者だけではなく、社会全体で見直さなければならない時期にきているのではないでしょうか。

【参考文献】
上笙一郎『日本の児童文化』1976　国土社
川北典子編著『子どもの育ちを支える児童文化』2015　あいり出版
滑川道夫『児童文化論』1971　東京堂出版
原昌、中川正文他編『児童文化概論』1975　建帛社

（川北典子）

2 絵　本

1. 絵本の歴史

🌱 日本の絵本のはじまり

　世界各国の絵本にそれぞれ歴史があります。絵本の歴史を考えるにあたって日本独自の絵本の歴史の発展と世界の出版文化との相互交流を考える必要があるでしょう(注1)。日本において、「絵本」という呼称が一般化するのは大正期の終わり頃から昭和の初期にかけてのことでした。鳥越信は『はじめて学ぶ日本の絵本史Ⅰ——絵入本から画帖・絵ばなしまで』において、明治・大正期には「画帖」または「絵ばなし」(絵話・絵噺)が一般的であったと述べています(注2)。鳥越は「それも1905年を過ぎてからのことで、この草創期にあたってはそれさえも出てこない。わずかに1889年に『ゑほんをしへぐさ』という書名・兼シリーズ名が登場している。実は「絵本」という用語自体は古くからあって、絵草子など「絵入り本」の意味で使われてきた。したがって子ども向けという暗黙の約束は全くなく、むしろ大人向けの本だった。」と述べています。

　一方、絵本の歴史において進んでいた欧米の影響を受けたと考えられる絵本もあります。1911(明治44)年9月から1915(大正4)年9月にかけて中西屋書店から出版された『日本一ノ画噺』は35冊の幼児対象単行本絵本シリーズでした。内容は日本昔話、創作物語、乗り物絵本、動物絵本、歴史物語、知識絵本が含まれたものでした。いわゆる中流以上の子どもの教育や文化に関心の深い家庭

で読まれたと思える絵本です。

　また、子ども対象の単行本絵本が出現するまでには1904年創刊の「お伽絵解こども」(児童美育会)、1905年に創刊された「幼年画報」(博文館)など、絵雑誌と呼ばれる雑誌も「絵本」と考えられていました。日本では単行本絵本に先立って多彩な絵雑誌が出版されたことが特徴といえます。

　大正期には「赤い鳥」「金の船」をはじめとした児童雑誌や雑誌から生まれた単行本の児童文学作品が盛んに出版されました。すぐれた画家たちのエネルギーがこうした児童雑誌の挿絵にそそがれたため、絵本にはめだった成果がなかったのではないかといわれています。

15年戦争下の絵本

　1931(昭和6)年の満州事変から1945(昭和20)年、第二次世界大戦の終結までの15年間の戦時下では児童文学や絵本には他の児童文化財と同様、戦意高揚のために内容の言論統制がありました。作家や画家は自分が伝え、表現したい絵本を出版することに困難が伴いました。絵本を印刷する用紙も物資不足で統制を受けていました。食糧が配給でしか手に入らない時代には、絵本を自由に創作、出版することも子どもが安心できる環境で楽しむことも困難でした。

戦後日本の絵本の歴史

　1945(昭和20)年8月、日本の敗北によって第二次世界大戦が終結しました。食糧はじめあらゆる物資が欠乏するなか戦後が始まったのです。印刷事情の悪い時期に出版物に使われたのは仙花紙と呼ばれた粗悪な再生紙でした。1945年から1950年頃までこの仙花紙絵本は、それでもとぶように売れたということです。

　戦後、日本は軍国主義から自由、平等、民主主義をめざす国家に変えられました。しかしアメリカの占領政策の下、今度はGHQ・SCAP(連合国軍最高司令官総司令部)の検閲を受けつつ絵本の出版がされたのです。占領期検閲は1945年から1949(昭和24)年にわたりました。

翻訳絵本がもたらしたもの

　GHQは占領下で全国各地にCIE図書館を設置しました。そこは日本に先立

って優れた絵本を出版していたアメリカの絵本に出会える場所でした。戦前は自由に触れることができなかった欧米の絵本はその後次々と翻訳されました。それらの中には、戦後70年となった現在も読み継がれている作品が少なくないのです。バージニア・リー・バートンの『ちいさなおうち』（岩波書店）、ワンダ・ガアグの『100まんびきのねこ』（福音館書店）、マリー・ホール・エッツの『もりのなか』（福音館書店）はじめ、優れた絵と言葉によって伝えたい内容を美しく、楽しい世界として構築した傑作絵本であり、絵本の古典といえる作品です。

新しい絵本文化が生まれた時代

1953（昭和28）年に岩波書店から〈岩波の子どもの本〉シリーズ、1956（昭和31）年には福音館書店から月刊絵本「こどものとも」が創刊されました。〈岩波の子どもの本〉は質が高く、できるだけ安い、買いよいものを目指した絵本の出版でした。「こどものとも」は月刊雑誌でありながら1冊に1話の物語単行本絵本という画期的な出版形式でした。当初、多様な物語や絵を一定の絵本スタイルにすることの問題点など課題を含みながら新しい絵本創作の模索がはじまったのです。

ロングセラーの絵本が生まれ始めた1960年代

1960年代は福音館書店の月刊絵本「こどものとも」から生まれ、単行本絵本として出版され今日までロングセラーとなっている作品群が生まれたことが特徴の一つです。例えば『ぐりとぐら』（中川李枝子文・大村百合子絵1963）、『ぐるんぱのようちえん』（西内ミナミ作・堀内誠一絵1965）『だるまちゃんとてんぐちゃん』（かこさとし作1967）、『しょうぼうじどうしゃじぷた』（渡辺茂男文・山本忠敬絵1963）、『ふしぎなたけのこ』（松野正子文・瀬川康男絵1963）、『おおきなかぶ』（ロシア民話／内田莉莎子訳・佐藤忠良絵1962）など多数あります。絵本は子どもにとって美的経験となるものと考え、楽しさに加えて芸術性と文学性を大切にした作品が生まれました。

こぐま社はユーモアあふれる『11ぴきのねこ』（馬場のぼる作1967）を出版しました。またページをめくることが場面展開に効果的で、「ラララン　ロロロン

わたしににあうかしら」と語りかける、リズミカルな繰り返しが魅力の『わたしのワンピース』(西巻茅子作1969)も60年代の作品です。

童心社は『いないいないばあ』(松谷みよ子作・瀬川康男絵1967)を出版し、戦後から今日までの赤ちゃん絵本の代表的作品となりました。

1964(昭和39)年にはディック・ブルーナ作『ちいさなうさこちゃん』の第2版が福音館から出版されました。石井桃子がオランダ語の雰囲気を生かす翻訳を心がけたシリーズは、小型の判型、シンプルなデザインと鮮やかな色彩と温かな人間関係を感じる物語によって今日まで世界中で読み継がれています。

「絵本ブーム」の到来1970年代

1970年代は1960年代に引き続いて絵本の出版点数は多く、日本の創作絵本の出版、欧米の絵本の翻訳も盛んでした。こぐま社の〈こぐまちゃんえほん〉シリーズは1970(昭和45)年から日本の創作赤ちゃん絵本として『しろくまちゃんのほっとけーき』(わかやまけん作1972)を含め15冊出版されました。

1976(昭和51)年にはキヨノサチコ作『ノンタンぶらんこのせて』が出版されました。元気で明るいノンタンが失敗したり、困ったりする物語は子どもの日常生活に密着したテーマで、子ども達の共感を呼ぶ内容です。

1973(昭和48)年から翻訳出版された「汽車のえほん」シリーズは『3だいの機関車』『きかんしゃトーマス』(ウイルバード・オードリー作・レジナルド・ドールビー絵・桑原三郎・清水周裕共訳・ポプラ社)はじめ、個性的な人間のような言動の機関車たちがさまざまの事件を繰り広げます。1976(昭和51)年には、しかけ絵本でもあるエリック・カール作『はらぺこあおむし』が出版されロングセラーとなっています。

絵本の全盛時代1980年代

1980年代の特徴は日本の絵本が国際的な評価を得たことです。『だいくとおにろく』(松居直再話・赤羽末吉画1962)『かさじぞう』(瀬田貞二再話・赤羽末吉画1966)『スーホの白い馬』(大塚勇三再話・赤羽末吉画1967)など、1960年代から日本や中国の昔話などを味わい深く描いた赤羽末吉の画業に1980(昭和55)年、国際アンデルセン賞画家賞が贈られました。1984(昭和59)年には『ふしぎなえ』(1968)、

『もりのえほん』(1977)『旅の絵本』シリーズ (1977年～)『あいうえおの本』(1976) などことばのない絵本を生みだした安野光雅も国際アンデルセン賞を受賞しました。また、林明子、長新太、五味太郎、太田大八、田島征三などの作品が次々出版され現在まで読み継がれています。

🍎 1990年代以降の絵本

1998（平成10）年、荒井良二が『なぞなぞのたび』(石津ちひろ文) でボローニャ国際児童図書展特別賞を受賞しました。軽やかさ明るさ細やかさ、色彩のゆたかな絵本表現に特徴のある作品が次々に生まれました。

1997（平成9）年5月11日に絵本学会が設立されました。絵本の持つ可能性をさまざまな分野の人と共に深める気運が生まれました。

🍎 2000年以降からの絵本

2001年、長谷川義史は『おじいちゃんのおじいちゃんのおじいちゃんのおじいちゃん』(BL出版) を発表して以来、人のつながりを印象付ける作品を描いています。

新しい絵本作家の作品が生まれ、アジアも含めた世界各国の翻訳絵本を読むことができ、絵本学会などで研究も進められている今日は恵まれた平和な時代といえるでしょう。

絵本の歴史を通して変わらないのは幼い子どもに寄り添って、語り、読み、絵解きするおとなが最初に子どもに絵本の楽しさを伝えているということです。

【注】
1．「02章 絵本の歴史と発展」中川素子、吉田新一、石井光恵、佐藤博一編『絵本の事典』2011 朝倉書店 p.33
2．鳥越信「序章 近代日本絵本史の起点」『はじめて学ぶ日本の絵本史Ⅰ——絵入本から画帖・絵ばなしまで』2001 ミネルヴァ書房

2. 物語絵本が育てるひとの気持ち

① 大好きな絵本との出会い

　子どもの絵本の楽しみ方の特徴の一つは、子どもが気に入った絵本を繰り返し読んでもらいたがることです。

　中川正文（1921～2011）は「本というものは、一回読めば一回だけ、二回読めば二回だけ、新しいものを発見できる様な微妙な内容をもつもの」(注1)といい、繰り返し読むに値する絵本を選ぶ意味を述べています。日一日と成長する子どもは、読んでもらう度に新しい発見と経験ができるからこそ、繰り返し1冊の絵本を楽しむのでしょう。

『もしゃもしゃちゃん』(注2)を読んで

　筆者はある幼稚園の4歳児のクラスで『もしゃもしゃちゃん』を読みました。――もしゃもしゃちゃんです。本当の名前はまりかです。でも、みんなは「もしゃもしゃ」ちゃんと呼んでいます。この子は髪をとかしません。――と読んだとたん、子どもたちは「えっ？！」と文字通り飛び上がりました。――歯も磨きません――と読むと「ええっ？！」と大変な驚きでした。そして一気に物語に集中しました。子どもたちの暮らしでは考えられない主人公の出現に驚き、惹きつけられたのです。

　物語は展開し、まりかが折れた木を見つけてハンカチで結わえてあげる場面ではK君がしみじみと「やさしいなあ」と言いました。幼稚園では当時K君たちが「オレガイチバン」「オレヤ」と何につけても張り合い、すぐにケンカになっていたのです。しかし絵本の時間においては共感の空気が絵本によってもたらされていました。

② 子どもの気持ちを読み取る読み聞かせ

　子どもがおもしろいと感じる物語絵本を安心できる、くつろいだ環境と雰囲気のなかで読んでもらうとき、率直な気持ちと言葉のやりとりが絵本の聞き手と読み手の間で交わされるのです。本を読んでもらう時間に家族やクラスの子

ども同士で自由な気持ちが行き交うことは喜びの経験です。物語からのメッセージを受け取るとともに、子ども達は言葉や表情で自分の気持ちも表現しています。これを読み取り、聞き取りながらおとなは物語を読みすすめます。おとなが声によって物語を伝達しつつ、子どもの心を読み取ろうとする積み重ねは子ども同士、子どもとおとなとの人間関係を育てます。佐々木宏子は「人間の豊かさは知的な発達だけでなく、多様で深い感情の表現と認識ができること」(注3)と優れた絵本が子どものこころを育てることを具体的な作品から述べています。絵本を読むことは自分でも気が付かなかった自分の気持ちを理解する機会、そして他者の気持ちを知る機会ともなるでしょう。

『ぐりとぐら』を読んで

『ぐりとぐら』(注4)は野ネズミの兄弟たちが森で大きなたまごをみつけたことから始まる物語。森で大きなカステラを焼いて、ともだちと食べ、そのタマゴのからで車をつくって帰るという、うれしいことの連続です。わくわくする理由や過程がしっかり描かれています。この作品は問題を解決しながら物語が展開します。子どもたちはどうするの？　どうなるの？　と主人公と共に考えながら物語の世界に入っていけるのです。

「うれしい気持ち」、「悲しい気持ち」、「怒った気持ち」、「こわい気持ち」、「いやな気持ち」、「おどろいた気持ち」は人の基本感情といわれます。絵本は保育や家庭で読んでもらい、物語にそって動いていく絵を見るなかで人の気持ち、その移りかわりに共感や相互理解を深めるのです。

怖い、さびしい、悲しい、悔しい、みじめ、怒り、嫉妬、恥ずかしい、羨ましいといったなかなか気付くことや認めることのできない気持ち(注5)は登場人物の細やかな表情や状況が絵と言葉で綴られる絵本では共感しやすいことでしょう。丁寧に絵を見ながら、声で表現される読み聞かせを通して、子どもが味わうことができる気持ちを、おとなは絵本と子どもの表情や対話から理解することができるのです。

【注】
1．中川正文『絵本・わたしの旅立ち』2006　NPO法人「絵本で子育て」センター　p.21
2．マレーク・ベロニカ文／絵　みやこうせい訳『もしゃもしゃちゃん』2005　福音館書店

3．佐々木宏子『新版　絵本と子どものこころ　豊かな個性を育てる』1993　JULA出版局　pp.164-165
4．中川李枝子文　大村百合子絵『ぐりとぐら』1963　福音館書店
5．佐々木宏子『絵本の心理学　子どもの心を理解するために』2000　新曜社

3. 乳児期のわらべうたとわらべうた絵本

① わらべうたとは

　わらべうたは「子どもの保持する民族文化」と『児童文学事典』(日本児童文学学会編1988)は定義しています。ここでは「子どもが歌う歌を総称する場合もあるが一般的には遊びを中心とした生活の中で、親や祖父母、兄弟姉妹、友だちなどから伝承されたり、遊び仲間によって自然発生的に生まれた子どもの遊戯歌のことをいう」としています。
　わらべうた遊びは伝承性と伝統性がありながら社会の変化、子どもの生活の変化が遊びやうたの歌詞を変容させることもあり、定型化したものばかりではないのが特徴です。保育現場では身体遊び、ふれあいあそびとして多彩な新しいわらべうたも生み出されています。

② わらべうたは赤ちゃんから

　わらべうたやわらべうた遊びはさまざまな遊び方があり、乳児期から学童期までおとなも交えて楽しむことができる児童文化活動です。
　乳児期に赤ちゃんは身近なおとなや保育者のそばで「いないいない　ばあ」や「ちょちちょち　あわわ」であやされ、歌いかけられ遊んでもらい身体全体ではしゃぎ、笑い、声をあげて喜びます。

③ 赤ちゃんに優しい声をかけるわらべうた

　ここでは乳児期のわらべうたとわらべうたをテーマにした絵本を考えます。
　赤ちゃんとかかわるとき、人は自然にほほ笑み、メロディーをつけて歌いかけ、話しかけます。ことばやうたとともにスキンシップします。幼児音楽の研究者フランセス・ウェバー・アロノフは『幼児と音楽』(注1)において「人間感情を最も直接的に表現するのは声と肉体である」と身体活動を使っての音楽教

育の重要性を述べています。

　わらべうたの伝承者、阿部ヤエは『「わらべうた」で子育て　入門編』(注2)において「はじめのころ、まだ言葉が話せなくて、目もまだはっきり見えない赤ちゃんが、何に頼るかというと、まず声、自分に向けられるやさしい声なんですね。」と述べています。

④ わらべうたとわらべうた絵本

　尾原昭夫は『日本のわらべうた〈室内遊戯歌編〉』の中で子どもの遊びの型(注3)を分類し、①一人の動作が主となる遊び、②二人で行う遊び、③集団で行う遊びにわけています。乳児期のわらべうた遊びは①②のものとなります。

顔の表情を読む「いないいないばー」と「いないいないばあ」絵本

　多くの人が乳幼児と遊ぶわらべうた遊び「いない　いない　ばー」は乳児が寝ているだけのころには、手で顔をかくして「○○ちゃん、いない　いない　ばー」と語りかけ、寝ている赤ちゃんの顔の上で手を開きます。親が顔を隠し、次の瞬間「ばー」の声とともにぱっと顔を表し子どもを見つめる遊びは子どもを惹きつけます。絵本の絵を見るという活動以前に、人の表情を読み取っている赤ちゃんは、短い時間の劇的な変化を楽しむことができるのです。やがて、1歳前後から絵本の『いないいないばあ』(注4)も楽しめます。絵本のページをめくることが「いない　いない　ばー」遊びになっているので、赤ちゃんがはじめて読んでもらうのに良い絵本です。

歌いながら、遊びながら楽しむわらべうた絵本

　こぐま社の『あがりめ　さがりめ』、『あんたがたどこさ』(注5)はいくつものわらべうたを紹介する絵本です。気に入ったわらべうたを一つずつ楽しむことができます。『ととけっこう　よがあけた』(注6)は表情豊かで、色彩の美しい絵とリズミカルな言葉がわらべうたを取り入れた物語の楽しさを伝える絵本です。『いちじく　にんじん』(注7)はリズミカルな数えうたの絵本です。シンプルな絵の美しさが歌の楽しさを印象深くしています。

　わらべうた遊びとわらべうたの絵本は語りかけ歌いかけるおとなから聞くこ

と、見ること、遊ぶこと、模倣すること、身体全身での対話の楽しさを子どもにもたらすのです。

【注】
1．F.W.アロノフ著　畑玲子訳『幼児と音楽』1990　音楽之友社
2．阿部ヤエ著　平野恵理子絵　福音館書店母の友編集部編『「わらべうた」で子育て　入門編』2002　福音館書店
3．尾原昭夫編著『日本のわらべうた〈室内遊戯歌編〉』1972　社会思想社　p.284
4．ましませつこ絵『あがりめさがりめ　おかあさんと子どものあそびうた』1994　こぐま社
5．ましませつこ絵『あんたがたどこさ』1996　こぐま社
6．こばやしえみこ案　ましませつこ絵『ととけっこう　よが　あけた』2005　こぐま社
7．大阪YWCA千里子ども図書室案　ごんもりなつこ絵『いちじく　にんじん』2012　福音館書店

4. ディック・ブルーナ作『うさこちゃん』シリーズ　：主人公と読者の成長

① 60年読み継がれてきた絵本「うさこちゃん」の誕生とその成長

『ちいさなうさこちゃん』(注1)はオランダのディック・ブルーナ(1927〜)の"nijntje"(ナインチェ：こうさぎの意味)の翻訳絵本です(注2)。

ディック・ブルーナ(1927〜)はブックカバーやポスターのデザインをするデザイナーとして活躍し、やがて絵本の創作もはじめました。高齢のため2011年に創作活動は停止していますが、日本ではうさこちゃんが主人公の33冊の作品を含め数多くのブルーナの絵本が翻訳され読み継がれています。

『ちいさなうさこちゃん』は作者の子ども時代の思い出と幼い息子への愛情から生まれました。長期間のシリーズで主人公のデザインは微妙に変化しています。変わらないのは17cm×17cmの判型、28ページの左側に4行の文、右側に絵というスタイルです(注3)。また、ブルーナカラーといわれる赤、黄、青、緑、茶、グレイの6色とニンジンのオレンジ、輪郭の黒の描線や紙面の白によって全ての作品が表現されています。

訳者の石井桃子はこの作品の翻訳について「ブルーナなんか難しかったですよ。あの簡単な話の中に、その脇にある絵の雰囲気が入らなくちゃならないと思って。」(注4)と語っています。声に出して読むと、読み手も聞き手も心地よ

図1　『ちいさなうさこちゃん』(1964)と『うさこちゃんときゃらめる』(2009)（注5）（福音館書店）表紙絵

く楽しめる日本語であることがこの絵本の大きな魅力です。

　1964（昭和39）年、石井桃子は『ちいさなうさこちゃん』の翻訳に際して、オランダ語の響きなどを大切に、ナインチェを「うさこちゃん」と名付けました。同じ主人公に「ミッフィー」と名付けた講談社の作品は英語訳から翻訳されたものです。2005年から翻訳権が福音館書店に移り、現在では福音館書店が全ての「うさこちゃん」の作品をオランダ語の原書から翻訳し出版しています。日本では絵本で「うさこちゃん」の名称が定着する一方、さまざまな商品化にともなうキャラクター名としては「ミッフィー」も定着しています（注6）。

🍎 うさこちゃんの誕生と育児の姿勢

　『ちいさなうさこちゃん』の物語は「ふわふわさん」と「ふわおくさん」の家庭に「うさこちゃん」が生まれるところから始まります。天使のお告げと誕生、動物たちの祝福という期待と喜びの物語です。その後、幼児になったうさこちゃんの父親とうさこちゃんのかかわりにはブルーナの子ども観が示されています。それは子どもの意思を尊重し、自分で考え、決定することを促すということです。とうさんはどこかに行く時にはうさこちゃんにまず、行きたいかどうか尋ねます。気持ちを確かめることでより主体的に物事に取り組むことができ

るという姿勢です。
　例えば『うさこちゃんとうみ』(注7)では「うみにいきたいひとだあれ？」と問いかけるとうさんにうさこちゃんは「あたし　あたしがいくわ！」と応えます。うさこちゃんは自分で貝をひろうバケツを用意し、自分で着替えてとうさんを驚かせます。うさこちゃんが自分でできることは自分で行い、困った時にはしっかり助けを求めるという成長の姿が具体的な言動で表現されています。

② うさこちゃんを取り巻く人間関係の豊かさ

　うさこちゃんシリーズの特徴はその人間関係の豊かさにもあります。両親、兄弟、祖父母、おじ、おばが登場し、友達のなかには外国の友人、障害のある同級生も登場します。
　赤ちゃんで登場した「うさこちゃん」は学校に行くまでに成長します。成長の過程でのさまざまな経験は多彩な人間関係とともに広がります。祖父母の老いや死による別離の悲しみまで描かれているのです。読者の身近な経験も多く、共感につながることでしょう。

自分で考え、問題を解決するうさこちゃん

　『うさこちゃんときゃらめる』(松岡享子訳2009)はお母さんと一緒におみせに行ったうさこちゃんがきゃらめるをこっそりぽけっとに入れて持ち帰ったことから始まる物語。悪いことをしてしまった苦しさ、恥ずかしさでいたたまれない後悔の気持ちを乗り越えて、うさこちゃんはおみせであやまります。お母さんはうさこちゃんの様子を見守り、しかり、そして寄り添っています。
　『うさこちゃんとにーなちゃん』(松岡享子訳2010)では文通している外国のおともだちが自宅に遊びに来て、一緒に過ごして感じたことが物語になっています。
　『うさこちゃんとたれみみくん』は、片方の耳がたれているので、「たれみみくん」とあだなで呼ばれる男の子とうさこちゃんの物語。あだなは嫌だという彼の気持ちを理解したうさこちゃんは問題解決策を考えます。
　依存と自立をしながら人は成長していきますが、うさこちゃんのシリーズにはバランスよくそれができているうさこちゃんが描かれています。絵本を楽しむ読者がシンプルな絵と物語からさまざまに想像する余地があるのです。子ど

もなりに求めているものに応える絵本ではないでしょうか。
　ブルーナの「人が独り立ちするときに必要な勇気や自信は、幼いころの幸せであたたかさにつつまれた環境によって育まれるものだと確信しています。」という信念をうさこちゃん絵本の中でも感じます。

【注】
1．ディック・ブルーナぶん／え　いしいももこ やく『ちいさなうさこちゃん』1964　福音館書店
　　1955年に最初のデザインで描かれた。1963年にデザインも判型も現在の第2版となった。
2．中川李枝子、松居直、松岡享子、若菜晃子ほか『石井桃子のことば』2014　新潮社　p.113
3．2010年4月1日改版した。ブックデザイナー祖父江慎による「うさこちゃんフォント」という新しい活字となった。
4．前掲書2　p.28
5．ディック・ブルーナぶん／え　松岡享子やく『うさこちゃんときゃらめる』2009　福音館書店
　　2冊の表紙を比べると顔や耳の形に変化がみられる。
6．森本俊司「絵本にまつわる、謎をひもとく」『美術手帖』2010.4　vol.62　No.935　p.27
7．ディック・ブルーナぶん／え　いしいももこ やく『うさこちゃんとうみ』1964　福音館書店

5. 月刊保育絵本の魅力

① 月刊保育絵本とは

　絵本には一般書籍の単行本絵本として出版されるものの他に、「雑誌」として毎月発行されるものがあります。「雑誌」として幼稚園や保育所で定期的に購読される絵本は一般的に「月刊保育絵本」(注1)といわれます。月刊保育絵本の特徴は園で一括購入する直販出版物であることです(注2)。
　月刊保育絵本をクラスで読んでもらうことは保育者と子ども、子ども同士で同じ物語の楽しみを分かち合うことです。聞く、読む、見る、話す活動から他の保育活動、遊びに展開されることも少なくありません。
　月刊保育絵本は通常4月号から翌年3月号まで1年間、定期購読をする定期刊行物です。毎月1冊、合計12冊を一つのコースとして構成しています。読者に応じた1年間に12冊の絵本が子どもの手元に届き、園でも家庭でも繰り返し読まれることの意義を考えたいものです。

図2　「こどものとも」年中向き2015年4月号（福音館書店）表紙絵
『アップリケのことり』　殿内真帆作

② 月刊保育絵本の種類

　「月刊保育絵本」は大きく分けると毎号一つの物語にひとりの画家が挿絵を描く「物語絵本」(注3)と複数の物語や記事、附録によって構成されている「総合保育絵本」があります。総合保育絵本は複数の画家、イラストレーター、写真家、複数の作家がかかわっているのです。出版社は月刊保育絵本を総合保育絵本、物語（お話）絵本、自然観察絵本など分野別に、またその分野において0・1・2歳児、1・2・3歳児、3・4歳児、4・5歳児、5歳児などの年齢別に発行しています。

　福音館書店は1956（昭和31）年に「こどものとも」を創刊し、月刊の物語絵本を分野別、年齢別に展開しました。月刊絵本で評価を得た作品を単行本として出版することも多く、月刊保育絵本が日本の単行本絵本の歴史に果たした役割は大きいのです。

　物語絵本に対して「総合保育絵本」は「絵雑誌」「保育絵雑誌」ともいわれます。明治期から絵が主体で、就学前の子どもがおとなに読み聞かせてもらう絵雑誌が多数出版されてきました(注4)。1927（昭和2）年に創刊されたキンダーブック(注5)は「幼稚園令」の「観察」に着目して創刊されました。これは一つのテーマに沿って、複数の記事が掲載されている保育絵雑誌でした。これによって幼児教育と月刊保育絵本とのかかわりが本格的に始まりました。戦時下では

絵本の出版にもさまざまな統制がありました。1944（昭和19）年キンダーブックは整備統合され廃刊となりましたが、1946（昭和21）年8月再刊されました(注6)。キンダーブック再刊に先立って1946年1月に創刊された「ヒカリノクニ」は「終戦後に目的を失って虚ろな子どもの姿を見て、子どもには『ひかり』を与えたいという願い」(注7) を込めて大阪で創刊されました。いずれも今日に続く総合保育絵本です。

③ 総合保育絵本と幼児教育

総合保育絵本は、幼稚園教育要領、保育所保育指針、幼保連携型認定こども園教育・保育要領などをふまえ、「健康」「人間関係」「環境」「言葉」「表現」にかかわるさまざまな記事によって構成されています。

例えば年長児対象の「がくしゅうひかりのくに」2015年3月号には園生活のふりかえりや小学校入学の準備といえる「しょうがっこうでもできるよ！」「ことばであそぼう」「かずであそぼう」などの記事が編集されています(注8)。小学校入学を前にして、園や家庭にあるこれまでの総合保育絵本を読み返すこともできるでしょう。一方年少児対象の「ひかりのくに」2015年4月号には初めての幼稚園・保育園生活となる子ども対象の「トイレの使い方」の記事があります。新しい環境で子どもが感じる不安を和らげる内容です。雑誌は、お話、自然の移り変わりや行事、身近な物事など複数の記事ごとに作家、画家など担当者が異なります。記事が集まって1冊としてはまとまりのある毎号の内容が、積み重なって子どもの世界を広げることが総合保育絵本に求められます。

物語絵本は1度に1冊を読み通すことが一般的です。一方「総合保育絵本」は保育者が日々の保育場面において適切な記事を選択して保育活動に取り入れることが効果的です。お話を聞いて楽しむ時間、附録で製作をする時間、生活習慣の記事を読み、園内で実践する時間など使い方は多彩です。保育者が「ことばかけのポイント」なども活用し子どもと話し合うことも必要です。

総合保育絵本の活用のため、クラス担任用のポスターやパペットが附録になることがあります。担任の持つ絵本の画面と語りかけに集中を促す時など役立つ附録といえます。子どもは担任の読み聞かせを聞きながら、担任の絵本に注目する時も、自分自身の絵本を見ること、シールを使って自分で画面を構成す

図3　「キンダーブック1」　　　図4　「ひかりのくに」
　　　2015年4月号　フレーベル館　　　　2015年4月号　ひかりのくに

ることなどさまざまに楽しみます。
　子ども対象の図鑑やポスター、シール、保護者対象の小冊子など雑誌の形式を生かした附録は、保育現場での活用のみならず、家庭での読み聞かせを促進し、読むこと、見ること、遊ぶことの楽しさを深める役割を果たすことが期待されます。
　総合保育絵本の各記事は短いものでも、数回にわたる連載記事を振り返って読むこともできます。また連載記事は次の号を待つ楽しみにもつながります。園生活を中心に、子どもの暮らし全般にわたるさまざまな記事から好奇心、興味、想像力を広げるきっかけとなるのが総合保育絵本の特徴です。

④ 月刊保育絵本のこれから

　月刊保育絵本の物語絵本と総合保育絵本のいずれも、その特徴を生かして子どもが読んでもらい、また自分でも読む、見る、感じ楽しむ美的教育の機会となるようにしたいものです。時代とともに変化する保育内容を反映させるとともに、いつの時代も変わることのない子どもの姿を尊重した内容であることが月刊保育絵本に求められるでしょう。
　月刊保育絵本については、その活用について保護者に十分伝えることが大切でしょう。保護者が物語絵本と総合保育絵本の特徴に応じた楽しみ方を知るこ

とは子どもの世界を広げることにつながるからです。

　月刊保育絵本にかかわる出版社から毎月たくさんの絵本が出版される現在、毎号の作品、仕掛けのページの視覚表現を含む個々の記事や附録について研究と評価が必要ではないでしょうか。出版社は、保育者、保護者、研究者、子どもからの声を検討し、より魅力的な出版と普及をはかってほしいものです。

【注】
1．黒井健編『日本児童出版美術家連盟・40周年記念出版　月刊保育絵本クロニクル』2005　日本児童出版美術家連盟
2．直販と店頭や通販での販売を行う出版社もある。
3．松居直『福音館書店50年の歩み』2002　福音館書店　p.23
4．1904（明治37）年児童美育会発行「お伽絵解こども」は彩色絵雑誌の嚆矢。明治期の幼稚園が記事になっている。「お伽絵解こども」に触発され1906年『幼年画報』が博文館から発刊された。
5．北林衛編集兼発行『フレーベル館100年史』2008　p.47、p.75
6．インダーアック・大阪国際児童文学館編『日本児童文学大事典』1993　大日本図書　pp.531-532
7．岡本美雄（ひかりのくに株式会社代表取締役会長）講演要旨「戦後関西児童出版事情」（1995年9月2日講演）　日本児童文学学会関西例会研究要旨第80号
8．絵本だより56巻3月号　ひかりのくに

【参考文献】
川北典子編著『子どもの育ちを支える児童文化』2015　あいり出版
鳥越信編『はじめて学ぶ日本の絵本史Ⅰ・Ⅱ・Ⅲ』2001～2002　ミネルヴァ書房

（村川京子）

3 児童文学

1. 日本児童文学の歴史

① 明治期

　1890（明治23）年に、『少年之玉』（三輪弘忠）、翌年に『こがね丸』（巌谷小波）が出版されていますが、そのあたりが日本の近代児童文学の出発点であるといわれています。とりわけ『こがね丸』は、明治・大正期をとおして、日本の児童文化運動の中心的人物であった巌谷小波の第一作であり、今日からみればさまざまな問題を含んではいるものの、テーマや構成、文体など、「児童」を意識して創作されているという点では、やはり画期的な作品であるといえます。

　また、1890年には、若松賤子の『小公子』など、翻訳の作品も出版されるようになりました。アンデルセン童話やグリム童話も、同時期に紹介され始めています。

② 大正期

　1910（明治43）年に小川未明の第一童話集『赤い船』が出版されてから大正期にかけては、近代日本児童文学の成立期とみることができます。1918（大正7）年には、鈴木三重吉によって雑誌「赤い鳥」が創刊され、児童文学の発展に大きな影響を与えました。

> ・「赤い鳥」は世俗的な下卑た子供の読みものを排除して、子供の純性を保全開発するために、現代第一流の芸術家の真摯なる努力を集め、兼て、若き子供のための創作家の出現を迎える、一大區劃運動の先駆である。

　この創刊号巻頭の標榜語に見られるように、「赤い鳥」は、大正デモクラシーを背景に、家庭教育や児童愛護といったものに目が向けられるなかで、良心的な芸術作品を子どもたちに届けたいという鈴木三重吉の強い意志によって生まれました。芥川龍之介、有島武郎、佐藤春夫といった当時の一流作家が、子どもに向けた作品を発表し、また、北原白秋、のちには西条八十が、毎号童謡を掲載して、童謡の全盛時代をつくったことも、この雑誌の功績の一つです。
　そのような大正期の童心主義を象徴する「赤い鳥」が、いわゆる中流階級以上の家庭で購読されたのに対して、1911（明治44）年から大正にかけて出版された「立川文庫」は、大衆的読み物として広まっていきました。これは、大阪の立川文明堂が刊行した講談豆本シリーズであり、読みやすく、安価なうえに、都市農村を問わず駄菓子屋や雑貨屋などでも売られたので、見る間に一般大衆のなかに浸透していったのです。
　その他、大正期には、「良友」(1916)「おとぎの世界」(1919)「金の船」(のちに「金の星」と改称)(1919)「童話」(1920)など多数の雑誌が創刊されました。とりわけ「童話」には、千葉省三の「虎ちゃんの日記」(1925. 9～10)なども掲載され、多くの子どもたちが物語の世界を楽しみました。
　単行本では、小川未明の『金の輪』(南北社1919)、『赤い蝋燭と人魚』(天佑社1921)や、浜田広介の『ひろすけ童話読本』(文教書院1924)などのほか、1924（大正13）年には、宮沢賢治が『注文の多い料理店』を出版しています。当時、宮沢賢治の作品は注目を集めたわけではありませんでした。しかし、後の賢治作品に対する評価を考えたとき、この最初の童話集は、大きな意味を持つものであると考えられます。
　また、「赤い鳥」による芸術教育、自由主義教育の思潮を背景に、詩・童謡や綴り方など、子ども自身の創作活動も盛んになりました。北原白秋は、「小学唱歌」が否定した日本のわらべうたを再評価し、児童自由詩運動をすすめるなかで、西条八十や野口雨情、三木露風らとともに、多くの優れた詩を発表してい

図1　赤い鳥

ます。そして、それらの作品には、山田耕筰や中山晋平の曲がつけられ、子どもたちの生活の場で口ずさまれたのです。

　近年、数多くの遺作が発見され、その才能を高く評価されている金子みすゞは、1923（大正12）年5月、20歳の時に童謡を書き始めたといわれています。そして、初めて四つの雑誌に作品を投稿し、それらがすべて掲載されるという快挙を成し遂げた後、わずか1年にも満たないあいだに23作品が雑誌で採りあげられました。彼女は、1930（昭和5）年3月、26歳でこの世を去るまでに、500あまりのすぐれた作品を残しています。

③ 昭和前期

　この時期の大衆児童読み物は、「少年倶楽部」（講談社）に代表されます。「少年倶楽部」は、すでに1914（大正3）年より刊行されていましたが、大正期には、「少年世界」（博文館）や「日本少年」（実業之日本社）の影に隠れた存在となっていました。しかし、昭和に入り、佐藤紅緑の「ああ玉杯に花うけて」（1927.5〜）や山中峯太郎の「敵中横断三百里」（1930.4〜）などの連載によって、子どもたちの心をつかんだといえます。また、単行本でも、江戸川乱歩の『少年探偵団』などが人気を博していました。

　一方で、1929（昭和4）年から休刊していた「赤い鳥」が、1931（昭和6）年には復刊しますが、坪田譲治、塚原健二郎、与田準一、巽聖歌など、大正期の「赤

い鳥」より執筆してきた作家が、児童文学作家としての力を身につけてきていました。坪田、塚原は、子どもたちの日常を描いた生活童話といわれる分野を開拓していきます。そういう意味では、前述の千葉省三が発表した「虎ちゃんの日記」と、同一の路線上にあったといえるでしょう。さらに、この時期、小川未明も、それまでの抒情的、幻想的な作品から、より現実的な生活童話風の作品へと変わってきています。

　また、第二次「赤い鳥」の中からも、新美南吉が「ごん狐」(1932.1) を発表するなど、新しい児童文学の担い手が誕生していきました。南吉は、1943 (昭和18) 年、30歳の若さでこの世を去ることになりますが、『おじいさんのランプ』(有光社1942)、『花のき村と盗人たち』(帝教出版部1943) など、亡くなる直前まで執筆活動を続けました。そして、彼の作品に対する評価は戦後いっそう高まることとなり、それらは現在なお読み継がれています。

　なお、大正期に生前唯一といわれる童話集を刊行した宮沢賢治は、1933 (昭和8) 年に38歳で亡くなっていますが、1939 (昭和14) 年に、『宮沢賢治名作選』と『風の又三郎』(いずれも羽田書店) が出版されています。ただし、いわゆる宮沢賢治ブームが起こるまでには、さらに多くの年月を要しました。

　この時期、社会情勢の不安は、経済恐慌の深刻さとともに広がりを増し、当然のことながら、子どもたちをも巻き込んでいくことになります。戦争への兆しに加え、北海道や東北での冷害などによっても、人々の生活は脅かされました。そのような世相を背景に、児童文学の領域にも、プロレタリア運動が影響を与え、槇本楠郎などが活躍し始めています。そして、後には、厳しい言論統制のなかで、プロレタリア文学運動にかかわっていた徳永直や中野重治、壺井栄といった作家たちが、生活の糧を得るためもあり、子ども向けの作品を手がけました。

　「赤い鳥」は、1936 (昭和11) 年、鈴木三重吉の死とともに廃刊となりましたが、それとは別の流れで、子どもの生活を第一に考えるという生活綴方運動が、全国的に浸透していきました。その中心となったのが、「綴方生活」(1929～) という現場の教師による研究誌であったといえます。その他、「綴方読本」(「鑑賞文選」《1925～》改題) などにも、多数の子どもの綴方や詩が掲載されたほか、現場の教師がガリ版刷りで作製した子どもの文集などは、相当な数にのぼったと

思われます。

　ところで、1927（昭和2）年5月には、京都市小学校教員会研究部が、『児童読物の研究』を出版しています。これは、第一次世界大戦後の好況により、子どものための書籍が続々と新刊されるなかで、「読書生活は児童の学校生活の中の主要部分である」という観点から、良書の選択および閲覧の方法等を考察したものでした。京都市内17校児童約8350名に対して読書調査を行ったうえで、学校図書館（児童文庫）のみならず家庭における文庫についても言及しており、大正末期から昭和初期の子どもの読書状況を考える資料としては貴重なものであると考えられます。

④ 昭和後期

　1945（昭和20）年8月、第二次世界大戦の敗戦は、子どもの生活にも大きな影響を与えました。多くのおとなたちは、日々の生活の糧を得ることに専心せざるを得ず、当然のことながら、子どもの文化的環境に思いをめぐらすことなど困難な状況となっていました。子どもたちが手にすることのできる読み物は、墨で塗りつぶされた教科書のほかは、粗悪な紙の古雑誌や古本の類でしかなかったのです。

　けれども、翌年になると、早くも子どものための雑誌が創刊されます。「赤とんぼ」（実業之日本社1946.4～48.10）、「子供の広場」（新世界社1946.4～50.3《50.1に「少年少女の広場」に改題》）、「銀河」（新潮社、1946.10～49.8）、そして「少年少女」（中央公論社1948.1～52.12）などに、岡本良雄や竹山道雄がすぐれた作品を発表していきました。

　単行本では、石井桃子の『ノンちゃん雲に乗る』（大地書房1947）、平塚武二『太陽よりも月よりも』（講談社1947）などが出版されました。なかでも、壺井栄は、『柿の木のある家』（山の木書店1949）、『母のない子と子のない母と』（光文社1951）、『坂道』（中央公論社1952）、『二十四の瞳』（光文社1952）など、いわゆる母性に根ざした作品を次々と発表し、児童文学作家としての地位を固めていきました。また、国分一太郎が、『鉄の町の少年』（新潮社1954）など、子どもの生活に即した作品を発表しています。

　なお、この時期には、「きりん」（竹中郁、足立巻一編）など、子ども自身が書い

た詩を掲載する雑誌や、大関松三郎詩集『山芋』、『山びこ学校』（無着成恭編）なども刊行されました。『山びこ学校』は、無着成恭が指導した山形県の農村地帯における子どもの詩や作文をまとめたもので、戦前の生活綴方運動につながるものであったといえます。これらは、当時の教育現場に影響を与えたことはもちろん、岐阜県恵那地方における生活記録運動などとともに、子どもだけではなくおとなの読者をも惹きつけました。

　1950（昭和25）年、岩波書店が刊行した岩波少年文庫も、また、子どもたちのみならず、戦争中に不幸な子ども時代を強いられねばならなかったおとなたちにも、大きな期待をもって迎え入れられました。これらのシリーズが、今日にいたるまで、古典的名作や創作児童文学、そして、外国児童文学の紹介など、多岐にわたる分野で数多くの作品をとりあげてきた功績は大きいといえるでしょう。

　1953（昭和28）年には、学校図書館法が公布され、学校図書館の見直しとともに、子どもの本についても新たな目が向けられるようになりました。また、宮沢賢治や新美南吉の作品が徐々に注目されるなど、1960年代に開花する日本児童文学の萌芽を垣間見ることのできるような時代であったといえます。

　しかし一方で、マスコミ文化の台頭にともなって、戦後すぐに出版されていた良質な雑誌類が、通俗的な雑誌に取って代わられるようになっていました。「りぼん」（集英社1955.9～）、「週刊少年マガジン」（講談社1959.3～）、「少年サンデー」（小学館1959.3～）、「週刊少女フレンド」（講談社1963.1～）、「週刊マーガレット」（集英社1963.5～）などの漫画雑誌が次々創刊されたのもこの頃です。これらは、テレビとも密接な関係をもち、またたく間に子どもの生活のなかに浸透していったのです。

⑤ 現代

　1950年代後半から1960年代にかけては、現代日本児童文学の幕開けであるとも、日本児童文学史上の転換期であるともいわれています。石森延男や椋鳩十、松谷みよ子、早船ちよなど、確かな筆力をもつ作家が、個性的な作品を生み出すなかで、いぬいとみこや佐藤さとる、山中恒、今江祥智、古田足日など、児童文学に対する理論を踏まえた若い世代の作家が誕生しました。そして、当時

の作品の多くは、半世紀以上を経た今も、なお子どもたちに読み継がれています。

同じ頃、関西では、花岡大学が仏教児童文学という独自の世界を切り拓きはじめ、下畑卓や中川正文らも積極的な活動を始めつつありました。また、灰谷健次郎や上野瞭、今江祥智も、関西を基盤にして、次々と長編の力作を世に送り出しています。彼らは、それぞれが独自の作風を持ち、1970年代から1980年代にかけて、児童文学や絵本に興味を持ち始めた学生世代をも巻き込んで、児童文学の創作や研究の中心的存在として大きな影響を与えました。

近年、関西では、あまんきみこ、岡田淳、富安陽子、また、広島の那須正幹や岡山のあさのあつこなど多彩な作家が活躍しています。そして、全国的にも、ヤングアダルトからおとなの文学の分野でも著名な荻原規子や森絵都、梨木香歩、江國香織、上橋菜穂子なども含めて、個性的な児童文学作家は枚挙に暇がありません。

内容の多様化、そして、出版点数のめざましい伸びにつれて、子どもの本をめぐる各方面での動きも活発になっています。児童図書専門の出版社も増え、各社が後援する賞も設けられるようになりました。全国学校図書館協議会のような機関も活発に動きはじめ、1950年代から始まった青少年読書感想文全国コンクールも、その功罪はともかくとして、毎年課題図書を制定し実施されています。けれども、一方で、子どもの読書離れが問題となり、良質の文学作品を多くの子どもに届けられる方法が模索されています。新しいメディアの台頭は、子どもの読書環境にも大きな影響を与えているのです。

2. 児童文学と子ども

① 子どもと読書

子どもが、人間としてより心豊かに生きていくために、本は大切な存在となります。したがって、作家や出版社など、本づくりにかかわっているすべての人々の姿勢が重要になることはいうまでもありません。教育性・興味性・芸術性など、種々の条件を兼ね備えた名作の出現が今後も望まれるところですが、数

多くの出版物のなかから、それらの条件を備えた作品を選ぶときのポイントとしては、次のようなものが考えられます。
- ・その子どもの発達段階に適しているかどうか。
- ・作者の思想や理念、作者独自の世界が明快に語られているかどうか。
- ・美しく正確な日本語で書かれているかどうか。
- ・翻訳の場合については、原作に忠実であるかどうか。また、日本語として違和感がないかどうか。
- ・再話の場合については、話の本質が押さえられ、昔話や民話としての語り口が生かされているかどうか。
- ・挿絵については、内容に適し、個性的・創造的であるかどうか。

これらの点がすべてではありませんが、直接子どもたちに本を手渡す立場の人々が、決して安易な選び方をしないことが期待されます。

子どもの読書離れがしばしば指摘されますが、それらは、子どもをとりまくさまざまな環境の変化、例えば読書時間の欠乏、テレビをはじめとする理解が容易なメディアの普及、おとな自身の活字離れなどに起因するものであると考えられます。直接創造に携わる作家や、挿絵画家、編集者、そして出版社の姿勢はもちろん、良質の書籍を届けるための橋渡しができる書店の店員や、図書館司書等の役割の重要性も見直されるべき時期であるといえます。

② 幼年文学と保育

幼年文学は、その定義の曖昧さがしばしば指摘されていますが、文字どおり幼い子どもを読者対象とした児童文学のひとつのジャンルであると考えられます。当然のことながら、幼年文学は、まだ文字が読めない子どもも対象となるため、周囲のおとなが子どもに「読んで聞かせる」、もしくは「語る」というかたちを取ることになります。つまり、耳から聞く文学であることが幼年文学の特徴であるといえるのですが、そうだとするならば、聞いて心地よいことばの表現や、理解が容易な明快な語彙の用い方等が重要です。また、作品の選択におとなの視点が介在することから、ともすれば、教育的視点から、「子どもに与えたい」作品が高く評価される危険性を藤本芳則は指摘しています(注1)。幼い子どもが人生で初めて出あう文学体験であることから、子どもとともに楽しい

世界を共有できる物語であることを第一に考え、作品を選ぶことが、おとなには求められます。

③ 現代日本の幼年文学

　児童文学の流れのなかで「幼年」という語が用いられたのは明治期に遡りますが、幼年文学として特筆すべきものとしては、昭和に入り、幼年童話という新たなジャンルが生まれたことであるといえます。幼年向け雑誌に掲載された「短く抒情的な」作品群を幼年童話と呼ぶようになり、なかでも、浜田広介は、自らの作品を「ひろすけ童話」と称し、幼年童話のひとつの伝統を築きました。

　1960年代には、いぬいとみこの『ながいながいペンギンの話』(1957)を嚆矢とし、日本の児童文学史上、従来の伝統的な殻を打ち破るような新たな作品が発表されました。幼児には短編がふさわしい、長編を楽しむだけの力はないと考えられてきた幼年文学の概念を、いぬいの作品はみごとに打ち砕いたのです。

　その後は、中川李枝子の『いやいやえん』(1962)、松谷みよ子の『ちいさいモモちゃん』(1964)など、現在も読み継がれている物語が次々と誕生します。『ちいさいモモちゃん』のシリーズには、両親の離婚という、それまで少年少女向け児童文学でさえタブーとされてきた複雑な問題が描かれ、多方面で物議を醸しました。また、ナンセンス童話と称される寺村輝夫の王さまシリーズ(1961～)や、自己のアイデンティティを求めるくまの子どもを擬人化した神沢利子の『くまの子ウーフ』(1969)などは、小学校低学年の国語教科書にも採用され、多くの読者を得ています。

　近年、幼年文学作品自体の不作や、幼児が文学に触れる機会の減少が指摘されていますが、学童期以降の読書離れが取り沙汰されるなか、まずは幼児期の耳から伝える文学の重要性を再考してみることが必要なのではないでしょうか。

3. いぬいとみこの人と作品

　前節でも触れたように、いぬいとみこは、現代の幼年文学の世界を切り拓いてきた作家です。ここでは、それらの功績を踏まえ、一児童文学作家の作品に込めた想いや姿勢を明らかにしていきます。

① いぬいとみこの経歴

いぬいとみこ（本名・乾富子）は、1924（大正13）年、静岡県で生まれ、2歳のときに東京に移りました。府立第六高等女学校を卒業後、1941（昭和16）年4月、日本女子大学国文科に入学。1年生のときに宮沢賢治の作品に深く感銘を受け、児童文学の道を志しますが、兵庫県伊丹市への転居のため、1942（昭和17）年6月2日付けで同校を退学しています。折しも、戦争の足音が庶民の生活の中にも聞こえ始める時期でした。あと3年女子大で勉強して国語の先生になるよりは、あと2年勉強して幼稚園の保母になるほうが、お国のために早く役立てるということを表向きの理由として、京都の平安女学院専攻部保育科に入学します。また、いぬいは、大学入学後の1941（昭和16）年12月に、東京目黒の行人坂教会で洗礼を受けており、その頃から、キリスト教は、いぬいの精神的基礎となるものであったといえます。

その後1944（昭和19）年に保母資格を得て平安女学院を卒業したいぬいは、約2年間を実際の子どもとかかわるべく、保母として、東京、京都の幼稚園に勤務した後、父親が転勤で転居していた山口県柳井町（現・柳井市）の戦時保育園で働くことになりました。そして、終戦間近の1945（昭和20）年8月6日、いぬいは、勤務先の保育園において、広島の原爆投下を園児たちとともに見ることになるのです。その衝撃的な体験は、いぬいの心に深く影を落とし、やがて創作のモチーフともなりました。

また、戦争最中の何もない時代にあって、子どもたちとの生活のなかで保育者が提供できる唯一の保育内容は、「お話のもつ力」であると確信します。終戦の翌年1946（昭和21）年には、柳井教会附属柳美保育園に勤務し、この頃から児童文学雑誌に投稿を始めています。それらの過程からみると、いぬいが、保育現場で実際に子どもとかかわった時間は決して長くはなかったのですが、その後の創作への意欲の原動力ともなる重要な時期であったと考えられます。

そしてまもなく1950（昭和25）年には、いぬいとみこは、東京で編集の仕事に就き、自ら作品を執筆するようになります。また、生涯独身で母親になることはありませんでしたが、自宅近くで子ども文庫を運営し、文庫を利用する多くの子どもの姿をとおして、直接子どもたちの成長とかかわっていくことになり

ます。編集者として、作家として、子ども文庫主宰者として、どの仕事に対しても常に精力的に活動していたいぬいとみこの姿を語る知人は多く、2002（平成14）年に病気のため逝去するまで、いぬいは、子どものために物語を紡ぎ、子どもとともに本の世界を愛しむ作家であったといえるでしょう。

② いぬいとみこの作品

　当時の多くの作家がそうであったように、いぬいとみこも、種々の雑誌や同人誌への投稿によって、作品を生み出していきます。そして、それらで培った力をもとに、1957（昭和32）年には、代表作となる『ながいながいペンギンの話』を宝文館より刊行、第11回毎日出版文化賞を受賞し、中国でも出版されることとなります。この頃は、石井桃子らとの児童文学の研究会をとおして、また、岩波書店から次々と刊行されるすぐれた海外の児童文学作品に触発され、いぬいとみこの児童文学作家としての才能が開花していく時期であるといえるでしょう。1959（昭和34）年には、彼女のファンタジーの代表作といえる『木かげの家の小人たち』（中央公論社）が、1961（昭和36）年には『ながいながいペンギンの話』とならび日本の幼年文学の出発点となる『北極のムーシカミーシカ』（理論社）が出版され、児童文学作家いぬいとみこの名を確固たるものにしました。

　神宮輝夫との対談のなかで、いぬいは、『ながいながいペンギンの話』の創作にあたって、1953（昭和28）年に刊行された「岩波の子どもの本」から影響を受けつつも、「もう少しリアリスティックで、生きている動物が行動していく作品が書きたかった」(注2)のだと述べています。それは、子どもたちの葛藤やたくましさをリアリスティックに描いた、新たな幼年文学作品の誕生であり、また、神宮がいうところの、成長し変化するという長編の骨格が幼年文学にはじめて出てきた記念すべき作品であったといえます。

　手探りとはいえ、いぬいのなかには、ふたごのペンギンをとおして子どもの行動を追視することに主眼をおこうという思いがあったようです。景色の描写や情感を必要最低限に抑え、子どもの行動を中心に無駄のない文体で表現しています。幼い子どもたちには細かい描写で知らせなければ理解を得ることができないと思われていた当時の幼年文学の考え方からみれば、やはり画期的なことであるといえるでしょう。「幼い人と空想を共有してすすむパターン」を、い

ぬいは創りあげようとしていました。それは、保育の現場に身を置き、生身の子どもを知っている彼女だからこそ考え及んだ技だといえます。

『木かげの家の小人たち』や『山んばと空とぶ白い馬』といったファンタジー作品においても、また、『うみねこの空』に代表されるリアリズム作品においても、作家いぬいとみこが、子どもたちに伝えたかったであろう主旨はいつの時にも揺れ動くことなく存在しています。つまり、現実に子どもたちが直面している問題であり、乗り越えていかざるを得ない壁を描いているのです。そして、ときには、幼い子どもには難解であるとか、不必要だとかいった批判も受けながら、いぬいの姿勢が変わらなかったのは、やはり、山口県柳井の保育園で子どもたちと見てしまった原爆の閃光が常に彼女の脳裏にあったからだと考えられます。

『トビウオのぼうやはびょうきです』は、1982（昭和57）年に津田櫓冬の絵とともに、絵本として刊行されていますが、1954（昭和29）年にはすでに「時事新報」に「トビウオのぼうやは病気です」というタイトルで発表されていました。いぬいとみこが時事新報から短編の依頼を受け、作家生活初めての依頼原稿として書かれたものであるといわれています。そこには、いぬいが保母として子どもたちとともに体験した原爆投下の瞬間や、それに続く敗戦日本の苦難の状況が大きく影響していたことは明らかです。1982（昭和57）年に、この作品が絵本として出版された背景には、未だになくならない大国の核実験に対する怒りと祈りが根底にあります。いぬいにとっては、初期の作品でありながら、晩年に到るまで、その中枢を貫く作品群の一つであるといえるでしょう。

③ 児童文学作家としての姿勢

『子どもと文学』において、小川未明の子ども不在の童心性を鋭く批判したいぬいは、幼い子どもに寄り添いその心を描こうとし、日本の戦後の幼年文学の開拓者となりました。作家としてのいぬいとみこをかたち作ったものは、まず第一に、幼い頃から生活環境として存在したたくさんの物語と、多感な学生時代に出あった宮沢賢治の作品、そして編集者としてかかわったすぐれた海外の作品であるといえます。第二には、いぬいの作品の舞台に使われる自然豊かな大地とそこで暮らす動物たちでしょう。学生時代のYMCAでの野尻湖へのキ

ャンプが大きな影響を与えていることは、回想録等からも明らかであり、後年には、黒姫山麓に山小屋を建て、そこを創作の場としています。

　そして、また、いぬいの創作を支えるものとして、一つにはキリスト教の信仰、二つ目には現実の子どもとかかわる体験を挙げることができます。保育者として子どもとかかわるなかで、文庫で子どもと本を読みあうなかで、一人ひとりの子どもの姿を目の当たりにし、自らが作品をとおして伝えるべきものを明らかにしていったのだと推察されます。とりわけ、保育者として子どもに寄り添う期間は短かったものの、戦争体験を主とした幼い子どもに伝えようとするメッセージの確立は、作家としてのいぬいの根底をなすものであるといえます。児童文学のなかでも、特に対象年齢が低い幼年文学の場合は、その作品が読者としての子どもたちに受け入れられるか否かは、作者が生身の幼児の姿をどれだけ理解しているかが大きな要素となっていることを、いぬいの作品群は如実に示しているのです。

【注】
１．大藤幹夫、藤本芳則編『展望　日本の幼年童話』2005　双文社出版　p.6
２．神宮輝夫『現代児童文学作家対談6　いぬいとみこ／神沢利子／松谷みよ子』1990　偕成社　p.66

【参考文献】
青木生子、岩淵宏子編『日本女子大学に学んだ文学者たち』2004　翰林書房
石井桃子、いぬいとみこ他『子どもと文学』1967　福音館書店
いぬいとみこ『子どもと本をむすぶもの』1974　晶文社
川北典子「児童文学作家における幼年文学への挑戦　いぬいとみこの場合　」2014　平安女学院大学研究年報　第14号
鳥越信編著『はじめて学ぶ　日本児童文学史』2001　ミネルヴァ書房
中川正文著作撰編集委員会編『中川正文著作撰』2014　ミネルヴァ書房

（川北典子）

♃
紙芝居

1. 紙芝居の歴史と概要

　紙芝居は、絵と文章とで表現される児童文化財であるため、保育の現場にいる人でさえ、絵本と同様に考えていることが多いのではないでしょうか。けれども、紙芝居は紙の「芝居」、絵本は絵の「本」と、その成り立ちからみると、まったく別のルートをたどって発展してきているのです。

　現在、保育や教育の場で紙芝居とよばれているものは、「平絵」といわれるものです。紙芝居のルーツは、古くは平安時代の『源氏物語絵巻』にまでさかのぼるといわれていますが、ここでは、平絵の紙芝居が登場する前の「立絵」の時代からみていきたいと思います。

① 紙芝居の歴史

立絵紙芝居から平絵紙芝居へ

　紙芝居の元になるものは、江戸では「うつし絵」、上方では「錦影絵」とよばれる幻燈による街頭の芸能でした。19世紀になって、オランダから入ってきた幻燈を使って、当初は東京の上野あたりで静止画像の見世物として興行されていたそうです。その後、それを見た職人が、複数のスライドを重ね瞬時に動かすことによって、また、何台もの幻燈機を使って、動く幻燈を開発しました。原初的なアニメーションともいえるでしょう。

紙芝居は、このようなうつし絵や錦影絵が一般に興行され人気を博している
なかから生まれてきました。これらの技術が高くなり、内容が複雑になればな
るほど、複数の幻燈機の操作は、一人ではとうてい演じることができず、また、
幻燈の性質上、必ず暗室が必要になります。そのような大がかりな見世物では
なく、劇的な効果を残しながらも、簡易に興行できるものはないかと考案され
たのが、「立絵」でした。明治中期のことです。
　立絵は、紙の人形の表裏をすばやく回転させたり、部分に仕掛けを施したり
することによって、うつし絵や錦影絵と同じように動く映像を見せることがで
きます。舞台も小型化することによって、いつでもどこでも持ち運ぶことがで
き、自転車の普及にともなって、さらに興行の範囲は広がっていきました。

❦ 平絵紙芝居の誕生

　立絵には、劇的な効果を高めるために、さらに工夫が凝らされていきました。
けれども、舞台劇にはさまざまな表現の制約があり、ましてや小舞台になれば
なるほど、演じ手の思うような効果を得ることが難しくなります。そこで、場
面の転換や時間の経過をもっと具体的に表現できる方法はないか、より劇的な
変化にとんだ映像を見せることはできないだろうか、といったニーズに応える
かたちで、大正末期に平絵の紙芝居が開発されたのです。
　一枚一枚紙を抜くかたちで表現する平絵の紙芝居は、取り扱いや演技の容易
さもあり、街頭での芸能として、またたく間に全国に普及しました。とりわけ
昭和初期に人気作品「黄金バット」が登場すると、わずかな雑誌類やNHKラ
ジオしか娯楽のなかった時代でもあり、多くの子どもたちの関心を集めました。

❦ 街頭紙芝居

　アメリカで起こった大恐慌の影響を受けて、日本も経済不況に陥った時代、街
頭紙芝居は、失業者たちを救うことになります。昭和初期には、3000人を超え
る紙芝居屋が活躍していたといわれ、路地や公園で遊ぶ一般庶民の子どもたち
に大きな楽しみの時間を提供しました。初期の街頭紙芝居は手書きの一点もの
で、ストーリーは口承で伝えられました。貸し元とよばれる紙芝居業者が、紙
芝居を紙芝居屋に賃貸し、飴などの菓子の卸し販売もおこなっていました。紙

芝居屋は、紙芝居と舞台を自転車に積んで、街頭で拍子木を打って子どもを集め、菓子を売って、紙芝居を演じていたのです。

けれども、街頭紙芝居の絵は、どぎつい色彩や雑なタッチで描かれ、内容的にも子どもにはふさわしくないとされるものが多く、教育面からも衛生面からも批判されました。芸術性のない平絵の街頭紙芝居は、当時の幼児教育分野の権威ともいえる倉橋惣三からも厳しく非難されました。しかしながら、紙芝居のもつ機能、すなわち伝達性や啓蒙性は、宗教伝道や学校教育のなかでも注目され活用されはじめたのです。例えば、今井よね（1897～1968）は、教会の日曜学校において、キリスト教の伝道のために紙芝居を使いました。今井は、紙芝居を上演することによって、子どもたちの日曜学校の出席率を向上させるばかりか、旧約聖書の理解が進むことを、身をもって体験し、1933（昭和8）年には、「紙芝居刊行会」を設立、「クリスマス物語」（今井よね編、板倉康夫画）などを出版しました。印刷紙芝居の開発は、一点もの中心であった紙芝居の機能性をマスメディアとして大きく変えていくことになります。

🍎 教育紙芝居

一方、紙芝居のもつ教育性に惹かれた人々もいます。今井よねのもとで伝道活動をしていた松永健哉は、1936（昭和11）年に児童問題研究所を創設しますが、その教育実践に紙芝居を積極的にとり入れました。けれども、第二次世界大戦に突入するなかで、それらはまもなく政府の国策宣伝機関として刊行や実演をおこなうことになります。紙芝居は、文化活動という名のもとに戦意高揚をあおるメディアとして、全国的に活用されていきました。

また、今井よねや松永健哉に続いて、紙芝居の幼児教育への活用を考えたのが高橋五山（1888～1965）でした。幼年雑誌の編集等に携わっていた高橋は、1935（昭和10）年に『幼稚園紙芝居』全10巻を刊行しました。高橋の作品は、街頭紙芝居の通俗的な娯楽性を排除し、文学性や芸術性が盛り込まれ、質の高い保育教材として幼児教育の場で利用されるようになっていきました。高橋や彼の後継者ともいえる川崎大治（1902～1980）の活躍は、戦後も続き、1962（昭和37）年には高橋五山賞が制定され、教育紙芝居の質の向上に寄与しています。なお、この頃には、テレビの普及もあり、街頭紙芝居はほぼ廃業となりました。

② 紙芝居の概要

🍎 紙芝居の種類

　立絵や平絵以外の紙芝居の仲間として、次のようなものが挙げられます。
・ペープサート……立絵から出発したものであることは明らかですが、立絵が背景に黒の布を使用し、人形を黒の紙の中に白抜きしていたのに対して、一般的な人形劇のように背景を制作し、人形は白い紙に直接描いて操作の串（棒）をつけています。第二次世界大戦後、永柴孝堂（1909～1984）により「ペープサート」と名づけられました。人形を切り抜いて用いる「切り抜き紙人形」とともに、人形劇を簡略化したものといえるでしょう。反転のおもしろさを出すよう演出に工夫を凝らすと、制作も含めて、幼児にも比較的簡単に扱える保育教材です。
・パネルシアター……古くはフランネル絵とよばれていました。素材の密着性を活かし、フランネルの小型舞台に不織布を切り抜いた人形をはりつけて使用していましたが、1970年代に古宇田亮順によってより密着度の高いパネル布およびPペーパーが用いられ、保育・教育現場を中心にまたたく間に実演の幅が広がるようになりました。パネルシアターの特長は、自作が容易であり、糸止めによって人形の細かい動きが可能になったり、スライドや糸釣りなど多様な技術によって工夫をこらすことができるところであるといえます。
・まきとり絵……枠の舞台の中で、絵の描かれた紙を巻き取ることによって、次々と画面が変わっていくものをいいます。絵巻物の伝統のうえに考案されたものといってもいいでしょう。絵が連続しているために場面転換が難しいことや、特定の方向にしか移動できないといった欠点はありますが、遍歴型の物語など、工夫をすれば、その欠点を効果的に利用することもできます。自作が中心となりますが、大勢で一つの作品を楽しみながら創作できる紙芝居です。
　その他、物語の重要な場面だけを数枚重ねて、めくりながら口演をするめくり絵や、一枚絵を使った絵ばなしも、紙芝居の仲間であるといえます。

🌱 紙芝居の特質

　絵本が基本的には個人で開いて見るものであるのに対して、紙芝居は、集団を対象として演じられるものです。同時に、同一の内容を、多数で観ることを意識し、大きくはっきりとした図柄で、物語の進行に不必要なものは描かれていないといった配慮が必要になります。また、文章についても、絵本は「読む」ものですが、紙芝居は「演じる」という要素が大きくなります。言葉は単なる物語の説明ではなく、演者が、子どもたちに向けて生き生きと語りかけられるような、観客と演者が一体となれるような躍動的な文章がふさわしいといえます。そして、それこそが、紙芝居が総合芸術であるといわれるゆえんなのです。

　紙芝居は、口演芸術であるため、演じ手が受け手である子どもたちに向かって一方的に伝達するといったものではありません。観客である子どもとのやりとりのなかで、ともに創造していくものであり、子どもの反応によって演じ分けていく技術も必要になります。

【参考文献】
石山幸弘『紙芝居文化史』2008　萌文書林
中川正文監修、京都女子大学児童文化学会編『児童文化の伝統と現在Ⅱ』1993　ミネルヴァ書房

(川北典子)

2. 保育内容と紙芝居

① 幼児対象の紙芝居に求められるもの

　心理学者の山下俊郎（1903〜1982）は幼児対象の紙芝居について、「絵を通じて展開される情緒的世界、演者の言葉からにじみ出る情緒的な情調の世界、これが演者と幼児との交流の中に産み出されることが、紙芝居の本質である。」(注1)としています。また、紙芝居の絵について望まれる大切な条件は美しい絵であるとしています。もう一つの要素としている文については、紙芝居の文は優れた幼年文学でなければならないと、絵に対しても文に対しても芸術性を強調していきます。

② 幼稚園教育要領と紙芝居

　1956年発行の幼稚園教育要領の「言語:望ましい経験3」においては「絵本・紙しばい・劇・幻燈・映画などを楽しむ」の項目に「○紙しばいや人形しばいをしたり、見たりする。○紙しばい・劇・幻燈・映画などを見たあとで、感じたことを発表する。」とあります。

　1964年発行の幼稚園教育要領では「言語」において「絵本、紙しばいなどに親しみ、想像力を豊かにする。」の項目があり、その内容として「(1)絵本、紙しばい、放送などを喜んで見たり聞いたりする。(2)絵本、紙しばい、放送などを見たり聞いたりして、その内容や筋がわかるようになる。(3)見たこと、聞いたこと、感じたことなどを紙しばいや劇的な活動などで表現する。」、指導に当たっての留意点として「絵本および紙しばい、スライド、放送などの視聴覚教材を精選し、喜んで見たり聞いたりするような態度を養うとともに、幼児の経験を広め、豊かな情操を養うようにすること。」としています。

　平成20年告示の幼稚園教育要領と保育所保育指針（平成20年3月28日改正、平成21年4月1日施行）は「健康」、「人間関係」、「環境」、「言葉」、「表現」の5領域となり、言語の内容「(9)絵本や物語などに親しみ、興味を持って聞き、想像する楽しさを味わう。」となり、紙芝居にふれていません。

　しかし今日では5領域に対応するように年少向けと幼稚園、保育所、小学校低学年を対象に毎月1巻ずつ定期刊行紙芝居が出版されたり、「食育」、「防災」といったテーマに対応する紙芝居も多数出版されています。

　絵本画家や児童文学者が紙芝居の創作においても活躍しています。

③ 紙芝居の特徴をふまえて保育・教育に生かす

　紙芝居は子ども達が紙芝居専用の舞台に入った絵を一場面ずつ眺め見て、舞台そばの語り手の表情も見ながら物語を聞く児童文化財です。舞台は額縁のように各場面の絵を引き立て、子ども達に集中を促す効果があります。子どもは舞台を見る「観客」の立場となります。複数の子ども達が肩寄せあって楽しむことで雰囲気が盛り上がり、共感が生まれます。

　ある保育園にボランティアに行った学生が紙芝居の舞台をきちんと台に置い

て始めようとしたときのことです。子ども達から「本当のお芝居みたい」という声があがり、心地よい緊張感がひろがりました。手で持って気軽に上演することも可能ですが、絵が安定する舞台を使うことで語りやすく、細やかに効果的に場面を抜く、差し込む、動かすなどの演出ができるのです。保育者は子ども達の発することばや表情を読み取りながら、時には対話しつつ上演します。子ども達は絵本とは異なり、絵のみを見ます。文字が自然に目にはいるということにはなりません。保育者は絵本よりいっそう、情感豊かに語ることが求められます。絵本における言葉や文章と違い、紙芝居の語り手は場面に応じた脚本を一人で演じ分ける人です。この特徴を生かして準備と練習をすることを保育者がもっと意識してよいことでしょう。絵本も紙芝居も「声が表現する言葉と物語」を経験するものです。保育者は絵本と紙芝居のそれぞれの特徴を考えて表現し伝達したいものです。

また紙芝居は子どもが紙芝居の読み手になることもできます。紙芝居を読み語りすることや絵を見ながら自由に語る「紙芝居ごっこ」は保育において楽しめるでしょう。子どもたちが物語を作り、絵を描く「手作り紙芝居」も保育に取り入れることができます。紙芝居は複数の人間関係の中で、豊かな言葉や表現活動を生み出す文化財です。

④ 現代に生きる高橋五山の紙芝居

1937（昭和12）年頃から、教育者間で紙芝居を視聴覚教育のなかに組み入れる運動が起こり（注2）、7月、日中戦争勃発に伴う慰問袋を送ろうという運動のため『チョコレートと兵隊』という印刷紙芝居が生まれました。

戦時下の「戦意高揚の教育」にも活用されながら、手描き1点ものの紙芝居が絵本や雑誌のように印刷物となったのです。

紙芝居も戦意高揚の内容にしなくてはならない時代、幼児教育に紙芝居を生かしたいと願った高橋五山（1888～1965）は自社の全甲社から紙芝居を制作、発刊し幼稚園や保育園に保育教材として定着させました。「紙芝居の見る、聞く、楽しさ。これに芸術性を盛るなら、楽しさは更に増すはずだ。」と考えた紙芝居の改革者といえます。1935（昭和10）年3月から幼稚園紙芝居のシリーズを刊行しました。

幼児が繰り返し楽しむ、芸術性豊かな清々しい美しさを表現でき、絵の美しさを紙芝居の要素としたのは高橋五山が東京美術学校で学んだ画家であったことが大きいでしょう。

（戦時下で出版された表紙）　　　　　（第5場面）
図1　『ベニスズメ　ト　ウグヒス』（高橋五山作／画　全甲社）

　『ベニスズメ　ト　ウグヒス』(注3)は2011年に高橋五山の作品を現代にも伝えたいと願う親族の高橋洋子によって戦前の作品をもとに復刻されたものです。戦時中の用紙不足のなかでも、保育者と幼児が一緒に作ることができるように考案された「はり絵紙芝居」です。シンプルな美しさと簡潔な言葉で物語が語られています。戦後、1950（昭和25）年高橋五山は保育紙芝居『おきゃくさま』を創作しました。五山はその目的を「度々くり返して見せることによって、四、五歳児の数観念を整理してやりたい」としています。8枚の絵で10場面に展開する紙芝居の原本から、高橋洋子が脚色・編集し2014年全甲社から復刻されたのです。シンプルなデザインの5匹のうさぎと三つの椅子をはり絵で表現した美しい紙芝居は多くの子ども達に伝えていきたいものです。1968（昭和43）年発行の『ぶたのいつつご』(注4)も貼り絵の手法で作られ現在も楽しまれている紙芝居のロングセラーです。『あかんぼじいさん』は1953（昭和28）年に出版された作品を2013年に復刻したものです。
　今日優れた紙芝居に対する賞は高橋五山賞のみです。受賞作品や絵本などと同様長く語り継がれている紙芝居から保育者が学ぶことが必要です。

⑤ 紙芝居の普及と質の向上を求めて

　保育者が子どもにとっておもしろい、優れた紙芝居の絵とはどのようなものか、声に出して演じる脚本の文章やことばはどのようなものがよいかを選ぶ基準、そして優れた演じ方とはどのようなものかといった紙芝居への批評や伝達技術の向上への取り組みはまだ十分ではありません。紙に印刷された出版物でありながら、絵本のように一般書店ではほとんど販売されていません。また出版社によっては6巻から8巻シリーズの紙芝居を一括して購入する「分売謝絶」という販売方法がとられている作品もあります。そのため選ぶことができないということは紙芝居の普及の課題でしょう。

　今後、保護者の意見や感想、子どもの反応を出版社に届けて、優れた紙芝居の供給を促していきましょう。

⑥ 声で育てる子どもの心

　さまざまなメディアがありながら、ますます人間関係に複雑さをます教育状況において、子どもと保育者が顔を見ながら楽しむ児童文化活動の復権が求められています。街頭紙芝居が子どもに与えた解放感や娯楽性と教育紙芝居が求める芸術性を追求しながら、国内外の子どもに紙芝居を届ける時代となったのです。お話や絵とともに、保育者の声やみんなで楽しんだ雰囲気が子どもの心に残ることでしょう。

【注】
1．山下俊郎「幼年文化と紙芝居」子どもの文化研究所編『紙芝居　創造と教育性』1972　童心社　p.25
2．加太こうじ『紙芝居昭和史』2004　岩波書店　p.296（初版：1971　立風書房）
3．高橋五山 作／画『ベニスズメ　ト　ウグヒス』高橋五山紙芝居　復刻第1巻　2011　全甲社
4．高橋五山 作／貼り絵『ぶたのいっつご』1968　童心社

（村川京子）

5 人形劇

1. 人形劇の歴史

　人形劇は、世界各国のさまざまな民族の文化の上に成り立ち、形態も変遷も多様さを極めています。ここでは、日本の人形劇について、生活のなかで人形と人はどのような関係をもってきたかという視点から、人形劇の歴史をみていきます。

🌱 人形の発生

　人形劇の演者であった川尻泰司は、人形劇の人形は動く人形ではなく人によって動かされる人形であるという理論にたち、人形の発生を二つに大別しました。一つは、人の形に対する形象的認識からつくられた人形、つまり、埴輪のような副葬品にみられる人の形を模した、人間と同じ意味を持つ「ヒトガタ」として扱われた人形です。もう一つは、人間の運動に対する形象的認識からつくられた人形です。例えば、東北を中心に残るオシラ人形です。オシラ人形は、カギ型の木の棒に布きれを着物のように巻きつけた人形で、2体で一対をなします。イタコといわれる呪術師が毎年決まった時期に各戸を訪れ、呪言を唱えながらこのオシラ人形を両手に持って舞わせ予祝を願います（図1）。カギ型の棒は、農作業に使う鍬に由来するとも言われています。踊りはもともと人間が労働のなかで感じたリズムによって体を動かすことから始まりました。人々が手に持った鍬を打ち振り、道具の精霊を舞い踊らせて共に快の思いを味わうこ

とが、原始的信仰の呪術であり、人形として物を扱う人形劇の始まりだったのです。

🍡 人形劇の誕生

演劇を成立させる基本的要素は、「俳優（人形劇の場合は人形）」、「戯曲」、「観客」の三つで、これらを演劇の3要素といいます。オシラ人形にみられた人間と精霊が共に快を感じて舞っていたところから、精霊を喜ばせ、さらに人を喜ばせるものへと変化を遂げていった過程に、人形劇の「劇」としての誕生があります。

この変遷の過程が見られるのが、福岡県の古表神社と大分県の古要神社の放生会と傀儡舞・神相撲です。放生会は、海に漕ぎ出した船の上で傀儡つまり人形を舞わせることで海の精霊を呼び迎え、人形の舞を楽しんでもらう神事です。放生会の舞が次第に演劇的に形成され、神社の神前で、精霊ばかりでなく人々を観客として演じる芸能になりました。神相撲は、東西に分かれた神の勝ち抜き相撲がドラマチックな展開で演じられます（図2）。

海の精霊を、さらには陸に上がって人々を観客として意識することで、観客を楽しませる演じ手の専門化が図られ、あわせて、登場する人形への性格づけやストーリー性の添加も図られ、先にあげた「劇」の構成要素を満たした「人形劇」が誕生したのです。

図1　オシラ人形を舞わせるイタコ
（出典：南江治郎『人形劇入門』1969　保育社　p.43）

図2　古要神社の神相撲
（出典：図1に同じ　p.47）

❧ 演劇としての人形劇へ

　室町時代、琉球の蛇皮線を改良した三味線が堺に入り、それに西宮の傀儡が結びついて人形浄瑠璃が形成されました。その後17～18世紀にかけ、近松門左衛門の戯曲と竹本義太夫の義太夫節によって人形浄瑠璃は大阪を中心として花開き、全盛期を迎えました。人形浄瑠璃の演目は、公家や武家社会の事件を題材とした時代物、市井に起こった事件を題材とした世話物が中心で、当時、人形劇はおとなを中心に楽しまれるものでした。

❧ 西洋の人形劇の侵入による子ども対象の人形劇の拡がり

　明治に入り、西洋の人形劇が日本に入ってきました。1894（明治27）年、現アイルランドのダブリンからやってきた糸操りダアク座です。ダアク座は、日本各地を巡演したのち、東京の花やしきに常設小屋をつくりました。日本の昔話「桃太郎」や「舌切り雀」などの演目が加わり、大正期には、花やしきの人形劇は親子連れで賑わいました。

　幼児教育への人形劇の活用は、1923（大正12）年、東京女子高等師範学校（現お茶の水女子大学）付属幼稚園の園長であった倉橋惣三が、ヨーロッパへの外遊の際観た人形劇に触発されて、「お茶の水人形座」を結成し、自ら子どもに人形劇を観せたのが始まりです。倉橋は幼稚園への人形劇の普及をめざし、主任であった菊池ふじのらとともに、脚本集の発行や脚本・人形・舞台のセット発売をしました。

　こうして、これまではおとなの楽しみであった人形劇が、子どもが楽しむ児童文化財としての価値を持ち、教育の場でも活用されるようになりました。

❧ 人形劇の戦争への利用

　戦争に突入していくなか、軍は人形劇を利用して国民の戦意高揚を促そうとしました。1941（昭和16）年には、大政翼賛会に人形劇研究委員会が組織され、人形劇普及のための書籍の発行や各地で上演会や講習会を実施しました。翼賛会の人形劇は、一致団結し勝つまで我慢といった銃後の女性や子どもへの道徳的なものがほとんどで、ナチスドイツ軍が行ったような殺害場面を人形劇で表

現するようなものはありませんでした。しかし、人形劇が戦争に利用されたという歴史的事実を、私たちは認識しておく必要があると考えます。

　文化的環境が貧困であったとはいえ、子どもはもちろん多くのおとなも翼賛会の人形劇を楽しみました。人形劇は、小さな人形が演技する愛らしさ、視覚的情報によるわかりやすさ、肩ひじ張って観るようなものではない親しみやすいイメージで、多くの人が気楽に受け入れ楽しめる文化財です。だからこそ、それが伝える内容に注意を払うことが重要なのです。とくに子どもに手渡す文化財であれば、なおさらのことといえます。

戦後の人形劇の拡がり

　戦後数年の間に、日本各地に職業専門人形劇団が設立され、日本中の山間僻地の小学校を巡回公演しました。

　学校教育のなかでは、1947（昭和22）年の文部省発行国定教科書国語第五学年下に「人形しばい」が設定され、指人形の作り方が紹介されました。また、1948（昭和23）年の文部省公刊「保育要領」の保育内容に「ごっこ遊び・劇遊び・人形芝居」と人形劇を演じて遊ぶ活動が設定されました。しかし、その後は、1956（昭和31）年の幼稚園教育要領の領域「言語」に人形劇が出てくるのを最後に、教材や活動として一切人形劇は出ていません。人形劇を保育の場に活かしたい、子どもにとって人形劇はふさわしい文化財だと捉える保育関係者が多いにもかかわらず、現在の幼稚園教育要領や保育所保育指針にも人形劇がまったく取り上げられていません。

　人形劇が日常的なものとして全国の子どもたちに一気に拡がったのは、1953（昭和28）年のテレビ放送開始に伴う人形劇番組によってです。1956（昭和31）年から9年間放送され子どもたちの人気を博した「チロリン村とくるみの木」は、テレビ創成期を代表する人形劇で、その後数多く制作されたNHK人形劇の基礎を築いた作品といえます。

　人形劇を子どもたちの生活のなかに位置付ける大きな役割を果たしたテレビ人形劇ですが、観客の存在によって完成する生の舞台芸術としての人形劇と、一方向的に放映される映像芸術としてのテレビ人形劇とは、子どもにとっての教育的価値は根本的に異なります。

🍎 無限の表現の可能性を秘めた人形劇の新たな取組み

　1960年代、ヨーロッパから新しい人形劇の表現方法が導入され、今までの人形劇概念では納まらない人形劇が次々に誕生していきました。例えば、ヴォードヴィル、後に、オブジェクト・シアターといわれるようになった人形劇は、人や動物などの形を模したいわゆる人形らしい人形ではなく、日用品や紙や紐や棒などといった物質（オブジェクト）を使い人形に見立てて演じる人形劇です。黒い傘と赤い傘が男性と女性となって演技をしたり、三角や丸の紙片を組み合わせてできた魚や鳥が演技をしたりする象徴性の強い人形劇です。また、演じ方においても、これまでの人形劇では、一般的に演じ手は衝立などに体を隠し人形だけが観客に見えるようにして演じたり、観客に演じ手の姿が見えていてもそれは黒子という見えない存在として扱われ、あくまでも舞台に表現者として存在するのは100パーセント人形でした。しかし、新たなかたちは、人形を操る演者もその存在に意味をもって舞台に立ち、人形との関係性を表現し、人形とともに動き、踊ることもあります。

　このような、身の回りのモノを人形に見立て、演じ手が人形とともに動き、舞い、演じる人形劇とは、まさに、人形劇の誕生に見られた原初的なかたちに類似します。人間よりもより美しく人間らしく振舞うことができる文楽のような人形劇は、一旦発展の頂点に至ったかのように見えました。しかし、あらためて人形劇の表現についての模索が始まったとき、原初のかたちに回帰したと見えるようなこの実態は、とても興味深く思われます。

2. 人形劇の特徴

🍂 人形劇とは

　先述したように、現在、人形劇はこれまでのかたちを継承することとあわせ、人形も演じ方も実験的に表現方法を模索し続けており、もっとも表現の可能性を秘めた芸術だと言われています。こうした状況において人形劇を定義するには、より本質的な部分のみを取り上げなくてはいけません。そこで、人形劇とは人がモノ（人形）を動かすことで演劇的な表現をするものと定義します。

🍂 人形劇の人形とは

　人形劇の人形は、人が動かすことによって表現をします。しかし、その表現は、表情が変わることはなく、身体の動きにしても人間の役者とは比べ物にならないくらい不器用です。そんな無機質なモノでありながら、演者がそれを何かに見立てて動かし、観客がそこに生命を感じることができれば、それは単なるモノではなく人形になることができます。この点は、幼児期の発達の特徴としてあげられるアニミズムと共通しています。

　人形劇の人形は、特定の感情を顔に表すことはありません。感情は人形の行為（動き）に反映され、その行為を見た観客が想像し、大きな口をあけて笑っているようにも、涙を流して泣いているようにも見えてくるのです。人間の性格を一般化し、人間の性質を明白なある型としてシンボリックに表現したものが人形なのです。

　人形には、その誕生の過程や、地域の特性によって、さまざまな形態のものが世界各地に誕生しました。代表的なものを取り上げて説明します。

・棒遣い人形

　頭から背骨のように人形の芯を貫く棒（胴串）を持って操作します。人形劇の歴史で触れたオシラ人形は一本の棒ですが、複雑になると人形の手の部分に操作のための棒（差し金）を付けたものもあります（図3）。

　子どもが初めて人形劇を演じるような場合、心棒のみの棒遣い人形は操作が最も単純で扱いやすいでしょう（図4）。この場合、細かな演技ではなく、演者

の動きが心棒を伝わってそのまま人形の動きに反映されるような大胆な動きの表現を重視するとよいでしょう。まずは人形を動かす楽しさを感じ、人形と一体化する人形劇の表現に触れることを体験させたいものです。

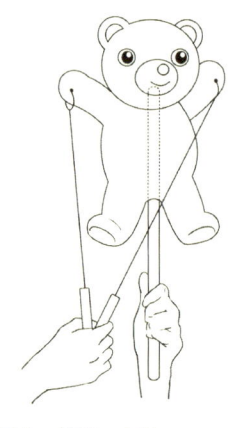

図3　棒遣い人形
（差し金をつけたもの）

図4　棒遣い人形

・片手遣い人形
　手に人形をはめて扱います（図5）。演者の手や指の動きがそのまま人形の動きになり、手を振ったり、頷いたり、はしゃいだりと、生きているように人形が動く楽しさを感じることができます。

図5　片手遣い人形

・パペット人形

　片手遣い人形と同様、手にはめて操る人形です。頭（カシラ）の口の部分が開閉できる構造の人形です（図6）。台詞にあわせ人形の口を開閉させることで、人形がしゃべっているように見えます。指は口の開閉に使用するので、人形の手を動かすことはできません。手を動かしたいときは、棒遣い人形のように、手に差し金を付けてもう一方の手で差し金を操作して演じるといいでしょう（図7）。

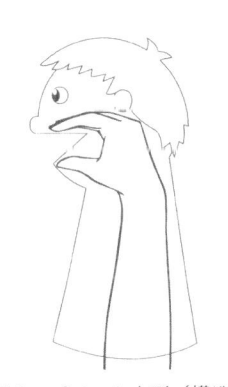

図6　パペット人形（構造）　　図7　パペット人形（操作の仕方）

・糸操り人形（マリオネット）

　人形に糸を付けて吊り下げ、演者が上部から糸を引っぱったり緩めたりの操作をして演じます（図8）。人形の頭の中軸に糸ではなく細い操作棒を刺し、上部から吊り下げて演じるものも同類に含めます。

　布などの柔軟性のあるもので人形を作ると、なめらかな浮遊感のある演技が表現できます。布や空き箱、紙など軽い素材で人形を作る（図9）際は、重心が下に落ち着くように、重たいものを入れ込むなど工夫をすると演じやすくなります。

　子どもが演じる場合は、地面から浮かないようになどといった繊細な表現ではなく、吊り下げられた人形が糸の張りの変化によって面白く動く、その動きを楽しんでみるのがいいでしょう。音楽に合わせて演じるのも楽しいでしょう。

図8　糸操り人形（マリオネット）

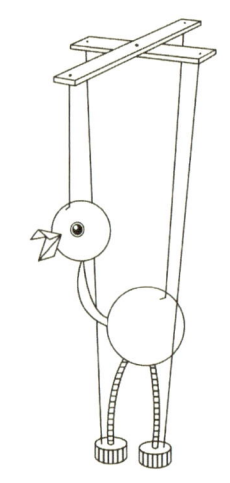

図9　身近な物で作る糸操り人形
　　　（ボール・紐・ペットボトルの
　　　ふたで作る鳥）

・影絵人形

　光源（ライト）がモノ（人形）を照らすことによりスクリーンに映し出された影によって表現される影絵劇の人形です（図10）。人形は厚紙を切って作ることができます。影絵では、手影絵や、身の回りの物を映して影絵遊びをすることも楽しめます。

　シルエットで表された抽象的な絵による表現のため、観客の想像力が求められます。また、光源と人形との距離による影の大小や濃淡の変化、光源を移動することによる影の移動など、光と影に関する科学的な思考の芽生えにもつながります。

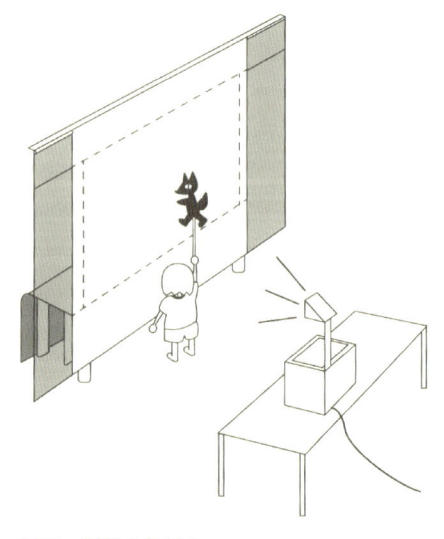

図10　影絵の仕組み

・立絵

　2枚の紙の間に操作棒となる棒を挟んで張り合わせた団扇状の紙絵の人形です。表裏で左向き・右向きの登場人物を描くことにより、反転させて舞台の上手（舞台に向かって右）から下手へ、下手から上手への移動を表現することができます。また、裏表で姿・格好を変えることで、例えば歩いていて転ぶ（図11）とか狸が娘に変身するなど、状態の変化や変身などの演技が効果的に表現できます。子どもの描いた絵を使用して人形を作ることもできます。

・オブジェクト・シアター

　いわゆる人形ではないモノ（オブジェクト）を人形に見立てて演じる人形です。例えば、スプーンとフォークを演者が動かすことで、それらが女の子と男の子に見立てられ、そこにドラマが生み出されます。幼児期の特性でもあるアニミズムに共通し、子どもたちは身近なものを容易に人形に見立てて遊ぶことができるでしょう。人形がないと人形劇ができないという考えも払拭されます。紙で目玉を作り身近なものに貼ると、あっという間に人形ができます。

図11　立絵（裏・表）

図12　オブジェクト・シアター
　　　（食器による人形劇）

人形劇

63

3. 子どもにとっての人形劇

① 人形劇を観劇することの意義

🌱 シンボリックな表現によるわかりやすさ

　人形劇の人形は、人間の俳優のように表情で演技をすることはありません。人形は動きと台詞の演技によって心情を表現し、それを観た観客が、まるで人形が笑ったり泣いたりしているように感じ取るのです。こうした人形が視覚的に捉えることができるデザインによって表現しているのは、性別や年齢、職業や経済的地位、そして、例えば善人か悪人かといった性格などのキャラクター一般です。貴族と下男はその服装に社会的地位が表れ、また、丸顔やふくよかな体系の人物には温厚さを、細身の体系で鋭い目つきの人物には神経質や陰湿さがイメージとして重なりやすいといえます。動物では、例えばオオカミには怖い、意地悪といった悪者のイメージが付きまとっています。それは、一見、紋切型のイメージを子どもたちに与える危険性を持ちますが、説明的でなく、一見して登場人物のイメージをつかむことができ、観劇の途中で裏切られません。人間は良い面ばかりでなく悪い面も持っているし、実際笑いながら心の中では恐ろしいことを考えることもあります。しかし、そういった人間の持つ多面性や心情の機微を楽しむに至っていない幼児にとっては、人形劇の一面性はわかりやすく、発達にふさわしいものです。ただし、保育者は、人形劇やさまざまな文化財に触れる中で子どもの中の紋切型のイメージをどのように揺さぶって新たなものをつくり上げていくかを考える必要があります。

　また、人形劇の人形がシンボリックで概念的であることは、観客が登場人物のなかから自分に近いものをみつけ、それに自分を重ねて観劇することを容易にさせます。男の子、女の子を人間の役者が演じた場合、体型や顔つきや表情すべてが具体的すぎることにより、役ではなくその役者自体が自分の好みか否かが大きなファクターとなって、自分と重ねて受け止める登場人物を見つけ出せなかったり、自分のイメージした登場人物とのギャップを埋めきれずになかなかお話の中に入っていけないことが生じてしまうのです。こうした点からは、

人形劇の人形のシンボリックさが、子どもの鑑賞に効果的に影響するといえます。

距離感を持って客観的鑑賞ができる

　人間の役者が演じる演劇の場合、あまりにも役者が魅力的であったりすると、その役者への同化が強すぎお話の世界としての客観的認知ができにくくなり、視野を狭めた鑑賞になることもあります。こうした傾向が危惧される子どもにとっては、人形劇であれば、シンボリックな人形が演じること、所詮人形という作られたものによって語られる物語の世界であること、舞台の中で繰り広げられる物語の世界を全体的に捉え全て把握できることから、距離感を持った客観的な鑑賞が可能になります。

　また、自分の視野に収まる舞台のなかに登場する小さな人形は、子どもに親近感と安心感を与えます。そして、舞台のなかの出来事を自分は全て観て知っているというある種の優越感は、子どもに緊張感を感じさせることなく人形劇鑑賞に向かわせます。これが、子どもが人形劇をおもしろいと感じ、好きだと思う大きな要因になっているとも考えられます。

観客の能動的な鑑賞により作品が完成する

　演劇の基本的な構成要素は、脚本・俳優・観客の三つです。役者の演技を観客が受け止め、観客の反応を役者が受け止め、その双方のやりとりの中で展開され作品がつくられていくのが演劇です。観客の観劇の姿は静的に見えますが、内面では登場人物に同化したり展開を予測してはらはらしたりと、激しく心情を揺り動かしているのです。

　そのため、幼児を観客とした人形劇の上演においては、「間」がとても重要になってきます。ほど良い「間」があることによって、子どもは舞台で展開する物語の世界を受けとめ、感じ、考えることができるのです。そして、その心の動きを笑いやつぶやきや溜息などによって表出します。一方、演じ手はその表出を受け止める「間」があることで、観客の反応を受け止めた演技を展開します。この、演じ手の演技と観客の反応のやり取りの中で展開していく一回性の芸術であるという人形劇の特徴は、映像芸術のアニメーションと大きく違う点

です。人形劇は、たとえ同じ場所同じ観客に同じ作品を上演したとしても、まったく同じにはならないのです。生の舞台芸術ならではのライブ感を味わえる鑑賞のために、演じ手は、観客の存在を意識し、観客とのやり取りを確保する「間」をつくる演技の重要性を考えて演技することが求められます。

　また、人形劇は絵本とは違い多くの観客に対し上演されるものです。そこには、先に述べた演じ手と観客のやり取りの他に、観客同士の相互関係も生じます。同じところで笑いあうことで生じる観客同士の一体感、そこから広がる舞台と客席との一体感は、生の舞台芸術である人形劇ならではの感動を生じさせます。また時に、自分とは異なる観客の反応に驚きを感じることもありますが、そうした経験の積み重ねが、人間の心情の複雑さや価値観の多様さに気付いたり、自己を捉える客観的視点を育てることに繋がるのです。保育現場での観劇の際、子どもが保育者が笑っているのを確かめて自分も安心して笑う様子が見られますが、これらはまさに、子どもが鑑賞について学習している姿です。

② 赤ちゃん人形劇場の現状と課題

　2000年以降、子ども・子育て支援事業の広がりの中で、職業専門人形劇団を中心に、3歳未満児を対象とした、いわゆる「赤ちゃん人形劇場」が積極的に取り組まれ広がりをみせています。赤ちゃん人形劇場の多くは、保護者の膝の上に子どもを座らせ、親子が一緒に観ることを基本にしています。観客数を20〜30組に制限し、舞台と観客席の距離が近い狭い空間で上演される作品が多く見られ、人形を手にした演じ手が観客席に入り込み、話しかけ、人形で触れあうといった、遊び的な要素が強く見受けられます。

　2歳までの子どもたちの発達は言葉の世界以前の感覚的な世界であり、「劇」というドラマを楽しむことができるまでの発達に至ってはいません。そうした赤ちゃんたちには、触れあいや音楽的な運動遊びを取り入れた、触覚や聴覚への感覚的な快を感じられる作品がふさわしいと考えて作品がつくられています。しかしながら、これを「人形劇」という芸術と捉えることには、疑問が残ります。

　最新の研究では、脳科学の分野から、0・1・2歳児が演劇をどう理解するのかという研究が進み、コミュニケーションや共感および感情についての体験と学習に役立っていることが明らかになってきました[注1]。今後、こうした科

学的根拠をもとにして赤ちゃん人形劇の意義が確立していくことが望まれます。

③ 人形劇を演じることの意義

　子どもたちが人形劇を演じる活動は、その内容、質的な面から言って幅広いといえます。幼児においては劇はまだ難しく、人形劇遊びあるいは人形を用いたごっこ・劇遊びといったものとなるでしょう。小学1・2年生くらいになると、ようやく劇としての形を意識し、役になって表現し他者である観客に観せることができるようになっていくと考えられます。この「ごっこ遊び」「劇遊び」「劇」の区別を含め、演劇的活動の基本的事項は、8章の「子どもと劇的活動～ごっこ遊び・劇遊び・劇～」を参照してください。

　こうした点を前提に、子どもが人形劇を演じて遊ぶ活動において重視したい点は次の3点です。1点目は、自身が演じるごっこや劇とは異なり人形というモノを用いた二元的表現であること。2点目は、総合芸術により制作過程においてさまざまな協同的活動が求められること。3点目は、観客という第三者の評価が得られることです。以下、それぞれについて、説明を加えます。

🍎 モノを用いた二元的表現であること

　自分自身が役者として舞台に立って演じる演劇に比べ、人形劇の場合は人形が主体であるため、演じ手は、自分自身を舞台にさらけ出さなくてはいけない緊張感や不安を感じなくてすみます。人形を持ち舞台に姿を現して演じる「出遣い」という演じ方もありますが、衝立状の舞台を使って、演じ手はその衝立の後ろに隠れて演じることができるのです。これは、演じることに慣れていない人にとっては安心感を与えられることになります。

　そしてまた、自分とは違う他者を演じることへの意識が、人形を用いた人形劇の方が容易にできると考えられます。この登場人物はいったいどういう人なのか、その登場人物の性格や心情を表し切れているか、自分自身がそのものになって演じることを要求される演劇では、演じている自分を客観的に捉えることはとても難しいのです。しかしながら、例えば自分の手にはめた片手遣い人形は、自身の手にはめ操作している自分の身体の一部ですが、それを視覚的に捉えることができることによって、自分と全く一体化してしまう存在とはなり

得ないのです。人形を自分の目で客観的に捉えることができる関係にあることは、その人形・役と演じ手である自分が対話的関係をつくることができ、役の理解と共に、それを行う過程での自分自身との対話ができることになります。これこそ、自己の客観視、脱自己中心につながる育ちの場になるといえます。

総合芸術であることにより制作過程においてさまざまな協同的活動が展開できること

　人形劇は、人形という造形物による表現活動であるので、まず人形を作るところから始まります。そして、人形を操作する演技、セリフ、また、音楽的な要素も取り入れることでより効果的な表現をねらって作品の完成が目指されます。子どもたちが制作し上演する過程においても、一人ひとりの子どもが、さまざまな活動に取り組むことになります。そのため、それぞれの過程において、一人ひとりの子どもの個性や長所、アイディアを活かし合ったりすることができ、一人ひとりの存在がクローズアップされ、お互いを認め合い自信を持つきっかけが生まれることが大いに期待できる活動に拡がります。

　上演においても、演じる者同士のかかわり、小道具や音楽担当など舞台裏のさまざまな協働関係なくしては作品をつくり上げることはできません。教科学習はどうしても知識の獲得を目的とし、点数による評価に偏りがちですが、人形劇の活動は、そういった評価基準では見ることのできない自己実現や協力の喜びを感じあえる活動だといえます。筆者の調査研究においても、特別支援クラスの児童が人形劇の活動を通し、登校の意欲を高め、原級の児童との学習に積極的に参加できるようになった姿や、原級の子どもたちもお互いを認め合う育ちが見られたという、人形劇の活動を通した子どもたちの学び合いと育ち合いの姿をみることができました。

観客という第三者の評価が得られること

　人形劇は、観客の存在があって完成する舞台芸術ですから、観客を楽しませたい、感動させたいという思いのなかで作品が制作され、上演されます。こうした活動は、現代の子どもたちにとって、日常生活の中から削り取られてしまった活動ではないでしょうか。集団での活動、誰かのためにという思いを根底

に置いた活動、ゼロからつくり上げていく活動は少なくなりました。そういった子どもたちにとって、観てくれる人という他者を念頭に置いて、その人たちを楽しませるためにはどうしたらいいかという思考のなかの活動は、社会的意識をもった取組みの活動です。自己中心的でなく他者を意識して、しかも、楽しませることを目的に努力することは、相手を考えたお話づくり、伝える方法の検討、上演がうまくいくための仲間同士の意思統一と息の合った協力が必要になります。

　そして、上演後の拍手や、感想のことばをもらうことは、子どもたちにとって、この上ない満足感と喜び、そして大きな自信となり、その後の生活にも大きな影響を与えると考えられます。

【注】
1．西田豊子「演劇は子どもの成長発達の『何に』役立つのか？　「鑑賞」と「体験」ふたつの側面から考える　」『児童・青少年演劇ジャーナル　げき』(13) 69-73, 2014

【参考文献】
オブラスツォーフ他著　大井数雄訳『人形劇　なにを・どう　』1976　いかだ社
加藤暁子『日本の人形劇　1867－2007』2007　法政大学出版局
川尻泰司『人形劇ノート』1968　紀伊国屋書店
松崎行代「学校教育における人形劇の教育的意義と課題　飯田市の学校における人形劇活動充実のために―」『飯田女子短期大学紀要』(25) 61-75, 2008
松崎行代「3歳未満を観劇対象とした人形劇の現状と特徴」『飯田女子短期大学紀要』(26) 47-58, 2009

（松崎行代）

6 アニメーション

1. 日本のアニメーション

① アニメーションとは

　児童文化のなかでアニメは、その登場によって子どもの生活が大きく変わった、という文脈で語られることが多いようです。それも、アニメが子どもを消費社会の主人公にし、想像する力を阻害し、生活や健康にもマイナスの影響をもたらしたという内容でもって説明されます。その指摘は、子どもとアニメの関係を概観して浮かび上がるひとつの事実ではありますが、アニメーションという文化財、あるいは表現方法の、本質を示したものとはいえません。アニメーションを児童文化のなかで捉えるためには、どのような視点から評価するのかという点を、そのつど明確にする必要があるでしょう。

　例えば生活史の視点から見れば、テレビの普及は子どもに限らず、人々の生活を決定的に変化させました。また、教育的視点からは、多くの児童文化財が教育を目的に大きく発展してきたのに対し、アニメは一部で教育的にも活用されながら、それをはるかに上回る速さで娯楽として発展し続けていることが明らかです。さらに、子どもの発達や健康という視点では、光や音声の刺激を伴う映像を介するという点において、アニメが他の文化財に比べ配慮が必要なメディアであることは確かでしょう。では、物語を扱う児童文化財として、アニメーションの芸術性、文学性はどのように特徴づけることができるのでしょ

か。

　「animation」は本来、「生命をもたないものに命を吹き込んで動かす」という意味の言葉です。多くのテレビアニメは、「絵」という生命をもたない素材を、少しずつ変化した形で撮影（コマ撮り）していくことで、動いているかのように見える映像を作り出しています。実際に動いているものを撮影する実写映像とも、コマ割りの絵と言葉でストーリーを展開していく漫画とも異なるこの表現方法を、カナダのアニメーション作家であるノーマン・マクラレンは次のように説明しています。「アニメーションとは、動く絵の芸術ではなく、描かれた動きの芸術である」。どのような絵が描かれているかではなく、どのような動きがつくり出されたかということがより重要であり、アニメーションの本質となるものなのです。

　実写撮影とは異なり、アニメーションには「何を」「どう動かすか——あるいは動かさないか」という点に、何の制限もありません。アニメーションでは本来動かないはずのものも動き出し、物理法則にしばられない自在な変形をみせます。自然現象が演技をして心象を表すことも可能です。音楽との親和性の高さは、単に互いのイメージを補完するにとどまらず、音楽そのもののリズムやメロディーを視覚的な動きによって表現することができるほどです。

　時に、登場人物の躍動は現実以上にリアルな身体感覚を思い起こさせ、何気ない仕草や些細な表情の変化は言葉では表すことのできない心の機微を訴えかけます。宮﨑駿のアニメーションはその好例です。宮崎作品の主人公、例えばナウシカや、サツキが走っている姿を思い出してみてください。「走る」という動きの表現は、ただ「走っている」ことの「説明」ではないことに気が付くはずです。リアルな「走る」動作の中には、主人公たちの気分や感覚、感情といった、何らかの情動が感じられます。アニメーションの「走る」動作は、現実の「走る」動作を正確に写し取ったものではないことがほとんどです。重要なのは、「現実の通りに動く」ことよりも、「動きや動きに伴う情動が現実よりも現実らしく表現されている」という点であり、これがアニメーションの芸術性なのです。このように表現された動きの積み重ねがアニメーションを映画として成立させ、作品の思想性を表すことにつながっていきます。動きの中から物語を読み取るために、受容者の感性や想像力が必要なのだといえるでしょう。ア

ニメーションによる動きの表現は、言葉に依らずに感情や思想を表現する手段です。それはアニメーションを通してでしか触れることのできない物語世界があることを示唆しています。

　なお、この章では、「アニメ」と「アニメーション」を意図的に使い分けています。「アニメ」は、狭義に「日本で作られた商業的なアニメーション作品」のことを指します。日本では、アニメというと単にアニメーションの略語として用いられ、アニメーションと意味上の区別はされないことが多いのですが、海外では日本の商業アニメーションは「ANIME」として一般に認知され、人気を博しています。「アニメーション」は「アニメーション表現を用いた映像」全般のことで、商業ベースのものだけではなく、アート作品、絵ではなく粘土や人形などの素材を用いた作品、実験作品、海外作品などを含む、表現方法、技術、作品を指すために用います。

② 日本アニメの歴史

　いまや巨大産業となった日本アニメーションの全貌は、子どもを中心とした視点では捉えきることができません。アニメーション史にとっての重要な作品や出来事が、子どもの生活史においても同様に重要であるとは限らず、またその逆もあり得るからです。ここでは子どもの生活に少なからず影響を与えてきたテレビアニメを主軸に、日本のアニメがどのようにして商業的成功をおさめ、日本発の芸術文化として国内外から注目されるまでに発展したかを概観します。

　日本でアニメーションが制作され始めたのは、出版やレコード、映画といった文化産業が大衆化した、大正時代のことです。映画館で上映される海外のアニメーション作品を参照しながら、見よう見まねで作られたとされています。

　1940年代、日本アニメーションの技術は飛躍的に高まりました。おとなの鑑賞にもたえうる作品をめざして政岡憲三が活躍し、非常にすぐれた自然描写と抒情性をもつ『くもとちゅうりっぷ』(1943)などの作品を残しました。また、国策による戦意高揚のための作品制作が行われ、潤沢な資金は国産アニメーションのレベルを底上げしました。『桃太郎　海の神兵』(瀬尾光世1945)はその最大の成果でしたが、公開当時、戦争によって子どもは疎開、映画館も損害を受け、アニメーション作品を見る環境は失われてしまっていました。

終戦後は、連合軍による映画統制と教育映画振興が図られ、1、2年のうちに再び国産アニメーション作品が公開されました。しかしアメリカ映画の輸入再開をうけて、日本の映画会社は深刻な財政難に陥ります。海外のアニメーション作品の中でも特に、1950（昭和25）年に公開されたディズニーの『白雪姫』（1937、世界初のカラー長編アニメーション）は、大変な話題となりました。

　1950年代、映画館での上映が難しくなった国産アニメーションが、主に学校に販売される教育映画の場で活躍するなか、「東洋のディズニー」として上質な国産作品を提供することをめざし、東映動画が設立されました（1956）。実写映画のノウハウを持っていた東映は、劇場用長編フルアニメーションにおいても複雑な人間ドラマを扱うストーリー展開を採択しました。代表作は、『太陽の王子ホルスの大冒険』（高畑勲1968）です。複雑なドラマを扱う劇場用長編アニメーションの形式は広く受け容れられ、今日の日本アニメのひとつの典型となっています。

　1960年代、日本アニメ界の様相が一変する作品が誕生します。1962（昭和37）年設立の虫プロダクションが制作した『鉄腕アトム』（1963）です。「週刊少年マガジン」や「週刊少年サンデー」が創刊され、人気作品が実写連続ドラマ化されるなど、子どもが夢中になる物語が週単位で展開されるなか、毎週30分の連続放送形式のテレビアニメは始まりました。この頃、都市では空き地や原っぱが姿を消し、子どもは戸外の遊び場を失っていました。テレビが日常に定着したことで、子どもにとって重要なジャンルであったアニメは、家庭や学校における話題の中心になったのです。初期のアニメは動きに乏しく、「電気紙芝居」と言われ批判の的にもなりましたが、結果的にアトムは大ヒットしました。なめらかに動かない絵でも、ストーリーの面白さがあれば魅力あるアニメ番組を作れることを証明してみせたのです。毎週30分の連続放送形式のアニメは、その制作手法とともに、現在まで続く日本アニメのフォーマットとなりました。

　アトム以後は、次々に多様なジャンルのテレビアニメが制作され、瞬く間に圧倒的な市場が生まれました。アニメ人気を受けて、1963（昭和38）年には明治製菓がアトムシールを、江崎グリコが鉄人28号ワッペンを「おまけ」にした菓子を商品化し、シール・ワッペンブームが起こります。アニメ市場の発展は、消費者としての子どもの存在を浮き彫りにしていきました。

1970年代、高度経済成長期を経て、漫画、アニメ、グッズなど、ひとつの物語がさまざまなメディアで商品化される仕組み（メディアミックス）はアニメ市場にも広まりました。少年漫画誌の黄金期が到来し、少女漫画も「なかよし」や「りぼん」といった雑誌が人気を博すなか、人気漫画のアニメ化や、人気を得たオリジナルアニメの漫画化が定番化しました。人気を得たテレビアニメは劇場版が公開されるようにもなっていきます。また、この時期、『マジンガーZ』（1973）の超合金モデルを転換点に、アニメの関連商品市場の中心は製菓会社から玩具会社に移行します。アニメより少し早く、特撮番組『ウルトラマン』のソフトビニール人形（1966）や『仮面ライダー』の変身ベルト（1971）が大ヒットしており、アニメと玩具メーカーが結びつくのは必然の流れでした。『機動戦士ガンダム』（1979）では、プラモデルなどを販売する玩具会社がスポンサーとなり、関連商品の製作がアニメそのものの企画を左右するまでになります。

　1970年代は、青年層視聴者による「アニメブーム」が社会現象にもなりました。子どものころからテレビアニメに触れ、週刊少年誌の長期連載作品とともに育った世代が、『宇宙戦艦ヤマト』（1974）や『銀河鉄道999』（1978）、『機動戦士ガンダム』などの、複雑で緻密な人間ドラマを描く作品に熱中したのです。これを受けて、アニメ雑誌の創刊やアニメ関連ラジオ番組の放送、声優人気が起こり、青年層視聴者の存在が市場をさらに広げていくことになります。

　1980年代、アニメブームは最盛期を迎えます。一方で、視聴形態の多様化が、テレビアニメ放映の減少を招きました。任天堂のファミリーコンピュータ発売と家庭用ビデオデッキの普及は、たちまち子どもと青年層の生活に根付き、テレビの放送時間に縛られない視聴形態を生み出したのです。テレビアニメの視聴率低下と放映数の減少は、特定の視聴者を対象にしたOVA（オリジナルビデオアニメ）の制作を促進しました。OVAは低予算低リスクで制作できる利点があり、アダルトアニメから作家性の高い作品まで、さまざまな作品が生まれました。また、スタジオジブリが設立されたのも80年代のことです。主に劇場用商業作品を手掛け、宮崎駿の『魔女の宅急便』（1989）、『紅の豚』（1992）、『千と千尋の神隠し』（2001）、高畑勲の『かぐや姫の物語』（2013）など、その質の高い作品群は幅広い支持を集め、日本のアニメーションに対する意識を大きく塗り替えていきました。

1990年代にはピークを過ぎたアニメブームでしたが、それでも週に50～60本というアニメが放送されていました。『名探偵コナン』(1996)や『ONE PIECE』(1999)といった、後に15年以上も放映が続く作品や、『ポケットモンスター』(1997)などゲームが原作のアニメも登場し、大ヒットしました。任天堂ゲームボーイ（携帯ゲーム）の発売以降、ますますゲーム人気が高まっていましたが、それが漫画やアニメの人気を奪う構図は生じず、むしろこれも巻き込む形でメディアミックスが展開されていきました。以後、アニメ、漫画、ゲームの人気はしばしば社会現象として言及されることになります。

　日本のアニメは海外でも高い評価を受け、国内では「ジャパニメーション(Japanimation)」という言葉が広く認識されるようになりました。同じ頃、欧米では日本のテレビアニメがオリジナルの字幕版や吹替え版で視聴され、日本アニメを意味する「ANIME」という言葉が普及していきました。

　2000年代以降、制作面ではデジタル技術の導入が急速に進みました。3DCGの映像表現が生まれ、従来のアニメにおいても制作作業の効率化と低予算化が実現し、個人単位での制作でも質の高い作品が生み出されるようになりました。日本のテレビアニメは海外でも次々に人気を博し、劇場版作品やアート系作品が国際的な賞を受けるなど評価と注目を集めました。またそのことに日本国内が自覚的になり、芸術文化振興基本法(2001年)や、コンテンツ法(2004年)など、アニメーションをメディア芸術のひとつとして保護・育成する国の政策が打ち出されるに至ります。

主なアニメ放送リスト

1963	鉄腕アトム	1969	ひみつのアッコちゃん
	鉄人28号		ムーミン
1966	魔法使いサリー		サザエさん
1967	マッハGoGoGo		アタックNo.1
1968	ゲゲゲの鬼太郎	1970	あしたのジョー
	巨人の星		昆虫物語みなしごハッチ
	リボンの騎士	1971	ルパン三世

年	作品	年	作品
1972	科学忍者隊ガッチャマン マジンガーZ	1992	美少女戦士セーラームーン クレヨンしんちゃん
1973	エースをねらえ！	1993	忍たま乱太郎
1974	アルプスの少女ハイジ 宇宙戦艦ヤマト	1995	新世紀エヴァンゲリオン
1975	まんが日本昔ばなし タイムボカン	1996	名探偵コナン るろうに剣心-明治剣客浪漫譚-
1978	未来少年コナン 銀河鉄道999	1997	ポケットモンスター 少女革命ウテナ
1979	機動戦士ガンダム ドラえもん	1998	カードキャプターさくら
1981	Dr.スランプアラレちゃん うる星やつら	1999	おジャ魔女どれみ デジモンアドベンチャー ONE PIECE
1982	超時空要塞マクロス	2002	NARUTO-ナルト- 機動戦士ガンダムSEED
1983	魔法の天使クリーミーマミ キャプテン翼	2003	鋼の錬金術師
1984	北斗の拳	2004	ふたりはプリキュア ケロロ軍曹
1985	タッチ	2005	交響詩篇エウレカセブン
1986	ドラゴンボール 聖闘士星矢	2006	涼宮ハルヒの憂鬱
1987	ビックリマン	2009	けいおん！
1988	魔神英雄伝ワタル それいけ！アンパンマン	2011	魔法少女まどか☆マギカ
1989	機動警察パトレイバー	2012	黒子のバスケ アイカツ！
1990	ちびまる子ちゃん 不思議の海のナディア	2013	進撃の巨人
		2014	妖怪ウォッチ

2. アニメの内容と表現

　アニメの歴史を概観する中で、日本の商業作品が「アニメ」として他のアニメーション作品と区別される、いくつかの特徴が見えてきました。ここでは内容と表現という二つの側面からアニメの特徴をまとめます。

① 内容の特徴

　アニメの主流であるテレビアニメは、その大半が毎週30分という連続放送形式です。例えば『アルプスの少女ハイジ』のように、放送回数が50話におよぶ作品では、およそ25時間もの時間をかけてひとつの物語が語られることになります。この形式は長大なストーリーを描くことに適していました。

　そのなかで、複雑で綿密な人間ドラマを扱ってきたことも非常に特徴的です。国内外問わず、長く「子どものもの」とされ、ファンタジーやコメディーが中心であったアニメーションの世界で、これは画期的なことでした。実写映画のストーリー手法でつくられた劇場用作品はもちろんのこと、テレビアニメにもその傾向がみられる理由のひとつとして、原作となる漫画が、すでに複雑な人間ドラマを描いていたことが挙げられます。「漫画にも哲学的な深まりと文学的な広がりが必要である」と考えた手塚治虫に代表される、漫画・アニメという物語文化の系譜がここに見てとれます。「子どものもの」とされてきたアニメや漫画の世界ですが、設定や人物描写、ストーリー、テーマなどは必ずしも「子ども向け」ではなく、むしろ何らかの思想や世界観を表現する場として機能し、受け容れられてきたのです。

　さらに、アニメのジャンルの多様さは、ファンタジーやコメディーはもちろんのこと、SF、アクション、名作、ホームドラマ、スポ根、恋愛、ミステリー、巨大ロボ、魔法少女など、多岐にわたります。特に巨大ロボや魔法少女は、日本アニメの代表的なジャンルであると同時に、日本アニメ独自のジャンルでもあります。変形や変身といった要素に、アニメーション表現ならではの発想を見てとることができます。

　『鉄腕アトム』の成功にもあったように、アニメの制作では核となる物語の面白さが非常に重視されます。長大なストーリー、複雑な人間ドラマ、多様なジ

ャンルという三つの要素によって、アニメは時代を反映するテーマやメッセージ、価値観を発信し、年齢層や国内外を問わない人気を獲得し続けています。

② 表現の特徴

　虫プロダクションが毎週30分の連続放送形式を実現することができたのは、制作の省力化を徹底したためでした。元来、アニメーションの制作には膨大な量の絵と時間を要しますが、1秒間に必要な作画枚数を24枚から8枚に減らし、「目パチ・口パク」のように絵の一部分だけを動かす簡略表現や、過去のシーンの使い回し、背景のみを動かす手法などの工夫が施され、独特の「動かない」アニメが誕生したのです。毎週の放映のため、やむを得ず動きを削って制作されたアニメでしたが、「動かさない」という表現は、トメやスローモーションといった時間の感覚を演出する新しい効果をもたらしもしました。これらの省力化の手法は、現在も継承されるアニメ制作のスタンダードです。

　漫画が原作のアニメでは、コマ割りに依拠したカメラワーク（視点）とカット（時間）の表現を駆使することで、動きがなくても物語展開にテンポと流れを生み出すことができました。また、動きを少なくする代わりとして、1枚の絵には多くの情報が描き込まれることになりました。

　一方で、「いかに動かすか」というアニメーション本来の目標を追求する系譜も途切れることなく続いてきました。その多くは劇場用フルアニメーション（1秒間を24枚の絵で構成する、動きのなめらかなアニメーション）のなかで生きていましたが、制作技術の進歩にともない、テレビアニメも徐々に動きを取り戻していきました。複雑な物語を描くようになっていたアニメが必要としたのは、単になめらかに動くことではなく、創作された動きのイメージを視覚的に表すことでした。それは現実には不可能な動きにも実在感や臨場感をもたせること、「描かれた動き」によって身体感覚や運動イメージを呼び起こさせることでした。総じて、漫画のコマ割り風のカットと、細かく描き込まれた画面とでストーリーを展開しながら、部分的に綿密で説得力のある動きの表現を取り入れ、さらにトメやスローモーションで印象的なシーンを演出するというような日本のテレビアニメの手法が、アニメーション全体からみると、非常に独特の物語表現となっているのです。

3. 子どもとアニメ

① 健康と発達

　1997年、「ポケモン事件」と呼ばれる出来事が起こります。当時絶大な人気を得ていたアニメ『ポケットモンスター』を視聴していた幼児、児童ら685人が、意識障害やけいれん発作を起こし、病院に搬送されたのです。原因は、アニメの中で使用された「赤と青の強い光の点滅刺激」でした。この一件は大きなニュースになり、アニメの制作や視聴における教訓となりました。

　当時の厚生労働省やNHKの調査によって、子どもはおとなよりも視聴覚情報が原因で体調が変わりやすいことが明らかにされました。また、子どもの脳は視聴覚情報に対し、処理よりも入力に偏りがちで、映像を凝視する傾向にあることもわかりました。映像理解は段階的に発達するため、乳幼児が長時間にわたって映像を見ているからといって、その内容まで理解しているとは限りません。特に2歳以下の子どもにとって映像は、意味をもつ情報ではなく、強い光の刺激であると考える方が妥当です。

　脳が成熟してからも、光の刺激をどう受け取るかということは、映像の内容理解と関係しています。近年の脳科学実験によると、同じ映像をスクリーン（反射光）で見るのと、テレビ（透過光）で見るのとでは、内容に対する印象が変わることがわかっています。反射光で映像を見た場合は分析的で能動的な理解をし、透過光で映像を見た場合には情緒的に全体の流れを理解するようです。

② 視聴環境と周辺

　アニメは映像作品であるために再現性が高く、視聴形態が作品そのものを大きく変化させることはありません。一方で、視聴環境は50年の間に大きく変化しました。テレビの時代には時間の制限が、ビデオやテレビゲームの時代には場所の制限がありましたが、インターネットによる情報化の時代を経て、スマートフォンなどの携帯端末・タブレット端末が普及し、場所も時間も制限なく、個人的に映像作品に触れることが可能になりました。この変化は、物語を誰と共有し、誰と共有しなかったかという変化ももたらしました。

また、アニメ視聴とともに子どもの生活に登場したのがキャラクター商品でした。キャラクター商品とアニメは相互に広告宣伝の効果を発揮し、そこから得られる副次収入は、アニメ産業が成立するために欠かせないものでした。アニメとキャラクター商品の展開は、地域差の少ない共通文化として子どもたちのあいだで共有され、ひとつの世代観を形成することになります。
　直接の会話はもちろんのこと、キャラクター商品、雑誌、ラジオ、イベント、インターネットなどを通じた視聴者同士による情報発信と交流は、アニメで描かれる物語をより楽しみ、身近なものにするためのツールです。アニメ産業の発展と消費の根源には、「物語を他者と共有し共感したい」という普遍的な欲求があるのだということもできるでしょう。

③ 児童文化財としてのアニメ

　子どもとアニメの関係を、おとなはどのように見守り、かかわればよいでしょうか。アニメがもつ内容の多様さは、時におとなの眉をひそめさせます。視覚的にストレートな表現が、子どもの思想に良くない影響を与えかねないと感じられるのです。しかし、例えば戦闘の描写がある作品であっても、戦い争うことを称賛、推奨しているわけではないということは、もしかしたら登場人物に共感しながら夢中になって物語をたどった青少年の方が、むしろおとなよりも理解できたかもしれません。重要なことは、多くの作品に触れ、さまざまな実体験と物語体験を得て、その中から大切なものを選び取る力が子どもの中にはぐくまれることです。生の体験と心象世界とを行ったり来たりしながら、それぞれに対する理解を深め、時に没頭し、思考し、感性を磨いて自分なりの価値観を築き、それを元に現実の世界とつながっていくこと、そこに物語を扱う児童文化財の意義があるのだとすれば、アニメやアニメーションもその役割の一端を担っていると捉えるべきではないでしょうか。

【参考文献】
津堅信之『日本アニメーションの力　85年の歴史を貫く２つの軸　』2004　NTT出版
津堅信之『アニメーション学入門』2005　平凡社
加藤幹郎編『アニメーションの映画学』2009　臨川書店
日本TVアニメーション大全編集部『日本TVアニメーション大全』2014　世界文化社
川北典子編著『子どもの育ちを支える児童文化』2015　あいり出版　　　　　　（糸井　嘉）

7 おはなし

1. 口演童話とストーリーテリング

　おはなしの歴史は古く、親から子へ、そして祖父母から孫へ、物語が語られることは、人々の生活のなかで、しごく自然な営みとしておこなわれてきました。そして、それらは一方で、節談説教や落語、講談などの口演芸術として受け継がれ、高度な技術を確立しています。

　おはなしが、子どものための特殊なジャンルとして成立し始めたのは、明治期であると思われます。学制の施行にともなう近代教育の開始および保育内容における「談話」の領域などにおいて、おはなしの重要性を認識する機会が生まれたのです。

　そしてまた、巌谷小波や久留島武彦による「お伽倶楽部」によって、童話の口演がおこなわれました。ただし、それらのいわゆる口演童話は、大正期から昭和初期には全盛時代を迎えましたが、第二次世界大戦後、多様な視聴覚メディアの普及等によって急速に衰退し、今日では「口演童話」という呼称を耳にすることもほとんどないのが現状です。

　しかしながら、おはなしそのものが語られなくなったわけでは決してなく、子どもにとって有意義なものであることは、保育の場で、家庭で、図書館や子ども文庫で、多くのおとなが実証しています。また、語り手としてのおとなにとっても、とても魅力的な活動として高く評価されているのです。おはなしが、子どもとおとなの楽しい時間の共有をもたらす児童文化財（保育教材）のひとつで

あることを再認識したいものです。

① 口演童話と「お伽倶楽部」

🌱「お伽倶楽部」の設立

　口演童話は、1896（明治29）年に、巌谷小波が、京都のある小学校長より依頼を受けて生徒の前で演じたのが最初であるといわれています。1903（明治36）年には、久留島武彦が、横浜のメソジスト教会において、第一回「お話の会」を開催しました。そして、それらの活動が、1906（明治39）年に発足する「お伽倶楽部」運動の基礎となったといえます。

　「お伽倶楽部」は巌谷小波を顧問、久留島武彦を主幹として、「学校と家庭との間に立ちて子供の為に社会教育の機関となり、お伽講演会、音楽会、お伽芝居などを催し、兼て良き娯楽の場所を備へん事」を目的として結成されました。子どものための総合的な文化運動の中心機関として考えられていたといわれており、それは、まだ子どものための文化財の乏しかったこの時代には画期的なことでした。

　そのなかの「お伽講話会」においては、巌谷小波、久留島武彦を始め、岸辺福雄、天野雉彦、下位春吉、大井冷光らがメンバーとして名を連ねていました。東京神田のキリスト教青年会館で毎月第三土曜日に行われた講話会は、お伽噺の口演だけでなく、音楽や手品等も含めた多彩なプログラムによって展開されたといいます。

　さらに、「お伽倶楽部」では出版部を設けて、1911（明治44）年6月には、雑誌「お伽倶楽部」を発刊しました。雑誌「お伽倶楽部」には、「お伽講話、家庭講話、お伽劇、お伽旅行、幻燈講話、臨海学校、林間学校、少年斥候演習、雛祭り等は過去及現在お伽倶楽部の画しつつある事業であります」と記され、「お伽倶楽部」の活動が、ひろく子どものための総合的な文化運動を目ざすものであったことがうかがわれます。

🍎 「京都お伽倶楽部」の誕生

　また、久留島武彦は、博文館の講話部主任として、巌谷小波とともに全国を口演行脚し、各地で、「お伽倶楽部」の支部を組織する下地をつくりました。例えば、京都では、彼らと親交のあった鈴木吉之助、中野忠八、松井治助といった若い実業家が、1907（明治40）年、「京都お伽倶楽部」を結成しています。そこには、真下飛泉の名で知られる文芸家であり小学校校長でもあった真下瀧吉や、「大阪お伽倶楽部」の創設者のひとりであり、お伽劇団を組織していた高尾亮雄（楓蔭）、狂言師の二世茂山千作、小学校長で俳人としても著名な岩井藍水などの文化人も大勢かかわっていました。

　彼らは、本部の活動と連携を密にしながらも、茂山千作らの協力を得て子ども狂言をとりいれるなど、京都らしさを重んじた独自の活動を積極的におこなっていたのです。「京都お伽倶楽部」のそれらの活動は、京都市内の全小学校を巡回した後、大阪や滋賀、奈良にも出かけていき、各地で好評を博しました。

　なお、鈴木や中野は、地域の修道尋常小学校同窓会を母体として、学校内に、日本で最初の独立の認可児童図書館といわれる修道児童文庫を設立したことでも知られています。修道同窓会は、1897（明治30）年の発足後、早い時期から、幻燈やお伽噺の会を盛んに催していたという記録が見られることから、「京都お伽倶楽部」は、地域で文化活動を実践していた青年実業家たちと、巌谷小波や久留島武彦らとの出会いのうえに開花した子どものための文化事業であったといえるでしょう。

🍎 熊見 杖童（くまみ じょうどう）の活動

　また、京都では、同時期、事故で両足に障碍を負った熊見杖童という画家が、「京都お伽会」を組織し、2匹の犬に改造三輪車を引かせた独特のスタイルで京都市中を巡回し、子どもたちに自作の童話を語るというような活動をおこなっていました。巌谷小波や久留島武彦のように全国行脚することのなかった熊見の活動は、今となっては特定の時代、特定の人々の記憶にのみ残る仕事であり、口演童話史に名前が載るようなものではありません。けれども、地域のなかで、身近な子どもにおはなしを語ることを基本としたその活動は、子どもとともに

ある児童文化の真髄を表したものでもあると評価できます。

熊見杖童の業績の詳細については、後の節で述べます。

🍂 口演童話の隆盛

大正期から昭和初期にかけては、口演童話の隆盛期で、各地の小学校や公民館、演芸場などを会場に、口演童話家が活躍していました。前述の子ども狂言や手品なども合わせておこなわれ、それらは、おとなもともに楽しむことのできる娯楽のひとつであったと思われます。数人の近隣の子どもたちに対して、時には露天ででも行われた口演童話、また、大きな会館で数百人の子どもやおとなを集めて開催されたお伽会での口演童話、その規模や様式はさまざまであったと思われますが、いずれにしても、幼い頃、友人や両親とともに体験したおはなしの世界が、子どもたちの心の中に活きて輝いていることは確かなことでしょう。

② ストーリーテリング

🍂 児童図書館とストーリーテリング

一方、子どもと本を結びつけるための手だてのひとつとして、ストーリーテリングという方法が、1880年代にアメリカの図書館の児童室で生まれ、子どもを対象とした図書館の通常業務として世界に広まりました。日本でも、明治時代に「図書館雑誌」で、アメリカの図書館ストーリーテリングが紹介されています。また、1909（明治42）年に岸辺福雄が『お伽噺仕方の理論と実際』として、その方法や技術について記しました。

その後、アメリカにおいても、テレビや映画の普及によって、口承の伝統が失われていく時期もありましたが、1950年代後半から60年代にかけて、復興の兆しが見え始めました。ニューヨーク公共図書館では、黒人の司書として初めて児童サービス室主任となり、マイノリティの子どもたちのための児童書の普及に力を尽くしたオーガスタ・ベイカーが、「おはなしの時間」を提唱しました。それらの児童サービスにおけるストーリーテリングを、1960年代後半にアメリカの児童図書館で学んだ人々が紹介し、おはなしを語るひとつの方法として、日

本の図書館や子ども文庫においてもまたたく間に広まりました。

🍎 ストーリーテリングの現状

現在でも、部屋を暗くし「おはなしのろうそく」を灯して語る方法は受け継がれています。また、そのような形式にはとらわれず、「テキストを覚えて語る」という基本の部分だけを守って、ストーリーテリングは、児童図書サービスの分野や保育の場はもとより、教会の日曜学校や地域の公民館・児童館・子育て支援センターなどで行われています。

近年では、おとなのためのストーリーテリングの会などが開催され、人気を博しているともいわれます。伝えるべき内容を、言葉を介して人の心に訴えかける、といった意味合いで、プレゼンテーションなどの際の企業用語として、「ストーリーテリング」という言葉が用いられたりもしています。

新たな視聴覚メディアが登場するなかで、耳から聞いたおはなしに想像力を駆使し心躍らせる、そして、物語の世界をおとなと子どもが共有する、そんな心豊かな時間を捨て去ることのないよう、わたしたちは、おはなしのもつ役割を大切にしていきたいと思います。

2. 保育内容とおはなし

保育の場でのおはなしは、絵本などを用いず、保育者が声と表情だけで物語を語るという保育教材です。言い換えれば、何も道具を使わずに楽しい時間を醸成できる優れた児童文化財（保育教材）であるということです。けれども、ただ簡便なだけではなく、保育者の力量が問われるのがおはなしの技術でもあります。

子どもと向き合う、子どもたちの目を見て語りかける、じかに子どもとかかわりつつ、おはなしの世界をともに体験することによって、保育者と子どもとの間に連帯感や信頼感が生まれます。子どものようすを見ながら、その場に応じて語る能力も必要とされるのです。おはなしのじょうずな保育者になるために、何度も練習を積み重ね、レパートリーを増やしていきましょう。

① おはなしの種類

　中川正文は、1970年代に刊行された児童文化のテキストのなかで、おはなしの種類を、内容によって次のように分類しています。
　１．幼稚園ばなし……幼児の日常生活で起こる事柄や事物について、一口ばなしのように演ずるもので、物語以前の、明確な筋のない短い話。
　２．伝承物語……神話や伝説、そして昔話など。ストーリーが明快で、物語の内容が多彩なので、口演に適している。
　３．創作物語……文学として創作されたものや、口演童話の台本として新しくつくられたもの。生活童話、ファンタジーなど、そのジャンルは多岐にわたっている。
　実際に、保育の場で語られるおはなしの種類としては、大きく分けると、昔話、創作文学、自作の物語などが挙げられます。保育者が日常の保育のなかでつくる、生活に即した物語や即興の空想的な物語などは、テキストを覚えて語るおはなしとは違い1回きりのその場限りのものとなることも多いのですが、保育の場では大切にしたい活動です。
　また、厳密にいえば物語とは異なりますが、詩も、日常の保育のなかで子どもたちとともに楽しみたい教材のひとつです。詩のもつ言葉の響きの美しさやリズムのおもしろさを、豊かな感性を育む幼児期に存分に味わってもらいたいものです。

② おはなしの選択

　では、それらさまざまな種類の物語のなかから、どのような作品を選んで語ればよいのでしょうか。
　まず、聞き手となる子どもの発達段階に合ったものを選びましょう。幼児期においても、3歳児、4歳児、5歳児それぞれに興味・関心の対象、理解の度合いなどは異なるので、それらに適した題材を選ぶ必要があります。
　全般的には、次のようなことがらを考慮します。
・おおむね平易で簡明な内容
・幼児の予想できる範囲の秩序にしたがって展開される内容

- おもな登場人物、動物などが幼児の身近なものであること
- 反復を含んだり、リズム感、躍動感のある展開であること
- 物語の構成がしっかりしていること

　ただし、そのおはなしについて、語り手自身の「おもしろい！」「ここを伝えたい！」といった思いがなければ、子どもたちの心には届きません。保育者自身が心を動かされ、その感動を子どもたちと共有したいと願ったとき、おはなしは活きた児童文化財（保育教材）となるのではないでしょうか。語り手としての保育者にも一人ひとり個性があります。その保育者のもつ語り口や雰囲気に合ったおはなしは、より子どもたちを惹きつけることができるでしょう。

　また、題材を選ぶときに、安易に絵本から選択することがしばしばあります。しかし、絵本は、絵と文章とでひとつの世界を創りだしているものであることから、文章だけでは内容を伝えるために不十分なことが多いのです。絵本から選択する場合には、まず文章の部分を書きだしてみて、その文章だけで内容が理解できるかどうかを確認しておくことが必要です。

③ おはなしの方法

　口演童話は、ことばとジェスチュアによって物語の世界を表現する方法ですが、そのなかでも、ことばをリズミカルに表現するもの、ジェスチュアを多用するものなどがあります。一方、ストーリーテリングは、ことばを主にしたものであるといえます。

　物語をどのように脚色するかは重要なことがらです。すなわち、物語をエピソードに分割し、その展開にさほど必要でない部分は簡単な説明で、重要な部分はできる限り具体的に表現できるよう考慮しなければなりません。また、ことばは、主として会話や説明、心理の変化などを表現し、ジェスチュアでは、人物の行動や、ものや場所の大きさ、広さなどを表すようにします。したがって、ことばとジェスチュア双方が効果的に働くよう考えながら脚色しなければならないのです。

　また、昔話は、簡潔でわかりやすいストーリーのものが多く、本来口承されてきたものであるため、おはなしに適した素材ではあるのですが、社会情勢や生活様式の変容などによって、家庭や地域で語られることがなくなってきた現

在、内容の改変が問題になっています。おおかみに食べられること、おおかみが食べられることは残酷だから、逃げて助かる話に変える、どんなに相手を傷つけても、最後はごめんなさいと謝って許してもらう……「教育的配慮」という名のもとに、そんな改変が増えているように思います。けれども、昔話には、民衆のさまざまな体験や想いが込められ、現在伝わっているようなかたちになっていることを考えると、軽々にストーリーを変えることは避けなければなりません。もちろん、口承文化は、当然のことながら時代や地域に応じて変容していくものではありますが、安易に変えてしまうことは慎みたいものです。

　さて、実際に、テキストがあるおはなしをするにあたっては、まず、きちんと覚えて語ることが求められます。数回黙読してみて、物語の流れを把握しましょう。その後、物語の情景を心に描いて、何度もくり返して音読します。ただ丸暗記するだけではなく、そのおはなしのなかで自分が何を聞き手に伝えたいのかをしっかり考えておくと、流れにメリハリができ、聞きやすくなります。キーワードなどを見つけて、どこに力点をおくかを考え、間やスピードにも注意しながら、くり返し練習しましょう。

　絵本を読むときと同じように、おはなしをする場合も、どのような環境をつくるかは大切なことです。子どもたちが注意を傾け、おはなしの世界に入りやすいように、保育室の環境を整えます。周囲から子どもの集中力を妨げるような音が聞こえないこと、人の動きが子どもの目に入らないこと、明るすぎず落ち着いた採光にすることなど、子どもたちがおはなしの世界を楽しむための配慮を、保育者は心がける必要があります。

　おはなしが終わったときには、子どもと一緒に余韻を楽しみましょう。「どんなおはなしだったかな」「誰が出てきた？　くまさんと、うさぎさんと……他には？」といった話しかけは、まだおはなしの世界で遊んでいたい子どもたちの楽しみを奪ってしまうことになりかねません。子どもたちの表情をしっかり見て、子どもたちから自然にあふれ出てくる言葉に耳を傾けられる余裕をもちたいものです。子どもたちの心に届いたおはなしが、絵本や紙芝居にもなっていれば、それらに子どもが関心をもつことで、他の保育内容として展開していくことも可能になります。

④ 今後に向けて

　おはなしは、言葉によって、人と人を結ぶ明瞭な手段となります。子どもにとっては、おはなしの世界で想像し遊ぶ楽しさに加えて、それらの物語を、身近な人が伝達してくれるという喜びをともなうものであるといえます。演じる人と観る（聴く）人が向かい合い、生の声によって伝達をする口演童話は、何百人もの子どもたちの気持ちを、ことばとジェスチュアだけでひきつけることができる文化財です。今のように、音響設備が整っているはずもない大正時代に、学校で、大きなホールで、そして街角や空き地で、多くの子どもたちを魅了した口演童話の技術とは、いったいどのようなものだったのでしょうか。

　今日、家庭においても、また保育の場においても、おとなと子どもが寄り添って、おはなしの世界に浸ることができるような機会は少なくなっています。親子関係や学校および地域での人間関係の崩壊が憂慮される今、子どもとおとなを繋ぐ手だてのひとつとして、おはなしの重要性を再考してみる必要があると思われます。ひとつの手がかりとして、次節で、京都市内で活躍した口演童話家・熊見杖童の活動を紹介します。

3. 熊見杖童の活動

① 熊見杖童と口演童話

　熊見杖童（清三郎）は、1882（明治15）年、大阪市で生まれました。幼少時に両親を相次いで亡くし、兵庫県赤穂に住む兄のもとで育ちます。13歳のとき、ランプの油の引火によって両足に大やけどを負い歩行不能となり、20歳を過ぎたころには、京都に出て画家を志すようになりました。当時は、安田翠仁の門下生となり、図案家として着物のデザインなどによって生計を立てていたといわれています。やがて、熊見は、仕事の合間に近隣の子どもを集めて童話を語るようになりました。その数はしだいに増え、常時2、30人にもなったといいます。そして、住まいの一部屋に入りきらなくなってからは、町の公民館などを借り、「熊見お話会」と称して活動を始めました。ちょうど「京都お伽倶楽部」

図1　熊見杖童と京都市立朱雀第七小学校の子どもたち（昭和30年頃）

図2　京都お伽会（大正7年8月朝起会記念）
（図1・2ともに大阪府立中央図書館　国際児童文学館　所蔵）

が結成されたのもこの時期でした。

　「熊見お話会」は、1910（明治43）年には、湯浅吉郎京都府立図書館長らを名誉会員として、「京都お伽会」と名を改め、熊見杖童は画業を捨ててその活動に専念することとなりました。2匹の犬に引かせた改造三輪車に乗った熊見は、時には周囲の子どもに押してもらいながら市中を巡回し、先々で童話を語っていたようです。また、寺院や公会堂などを会場にして、定例のお伽会のほか、子どもを対象とした話し方研究会などを開催していました。

②「京都お伽会」の活動

　「京都お伽会」は、熊見杖童を主幹とし、名誉会員には、先にも述べた湯浅吉郎京都府立図書館長のほか、上田敏京都大学教授、清水儀六京都市立高等女学校長、鳥居嘉三郎京都市盲啞院長らが名を連ねていました。寺院や公会堂を会場とし、定例のお伽会を月1～2度の割合で開催していたようです。次に、活動のあらましを紹介します。

　1911（明治44）年9月、南極探検隊寄付お伽会を三條青年会館において開催し、15円の寄付金を南極探検隊の白瀬中尉一行に送っています。また、話し方研究

会なども主催していましたが、これは、おとなだけでなく子どもをも対象としていました。後には、新聞社をスポンサーとして、学童の「お話くらべ」も行われ、十数校の子どもたちが参加したといわれています。また、10周年を記念した1919（大正8）年には、京都岡崎の市公会堂において、第1回全市小学校連合学芸大会を開催し、盛況を博しました。これは、以後毎年行われ、1921（大正10）年の大阪毎日新聞によれば、出演校は40校にものぼり、参加延べ人数は学童1万人、その家族が2000人とされています。

1920（大正9）年5月には、カチカチ山記念祭と称して、子どもたちに清水焼の陶製狸立像を制作させ、市立動物園に設置しました。そして、7月には除幕式とともにお伽噺会が開かれました。その他、1921（大正10）年6月には、第1回京都少年野球大会を主催するなど、子ども自身の文化的活動に対して、さまざまな角度から援助を試みていたことがうかがわれます。

さらに、1922（大正11）年には、入洛中のフランス大使ジョッフル元帥に雛人形を、来日中のイギリス皇太子にお伽人形「すずめのお宿」を子どもとともに贈るなど、諸外国との親善活動にも力を尽くしました。当日の新聞には、晴れ着姿の少女たちに囲まれた笑顔の熊見杖童の写真が掲載されています。また、実現はしなかったものの、子どもの文化活動の拠点となるような施設の建設についても構想していたといわれており、熊見杖童は、地域に根ざした一市民でありながら、児童文化を広い視野で多面的にみることのできる人物だったといえます。

このように、「京都お伽会」は、久留島武彦らの活動と同じように、童話の口演活動のみならず、子どものための総合的な文化運動を目ざして種々の事業を展開していましたが、大正期がその活動の最盛期であったと推察されます。1953（昭和28）年2月には、円山音楽堂において、「熊見先生オトギ創立49周年記念お祝いこども大会」が行われ、市長からの表彰を受けていますが、この頃には、ほとんど活動の場をもたなかったと考えられます。現在残っている資料から、「お伽新聞」は、第二次世界大戦後も発行されていたことが認められますが、「京都お伽会」としての活動は、戦前までででほぼその歴史を終えていたといえるでしょう。

③「お伽新聞」の発行

「京都お伽会」は、1917（大正6）年12月より、月刊の機関紙「お伽新聞」を刊行しました。創刊号の巻頭には、編集者の日野秀方によって「吾輩はお伽新聞である」と題した次のような発刊の辞が掲載されています。

　　むかしむかし桃太郎はお婆さんの拾った桃から生まれて、鬼ヶ島の寳物を分捕って来たが、吾輩は豫て諸君と最もお馴染みの深い「クマミ」の小父さんのお世話で、今日から京都お伽會に育てられる身となつた。身は小さくても諸君のために一つどこまでも味方となつてお供をしやう。－後略－

また、「お伽新聞」の刊行に先立って、1914（大正3）年6月には、やはり新聞形式の「オトモダチ」が発行されています。これは、非売品として、市内の各小学校に送られました。そのなかには、「本会の趣旨」として、「今日の世の中では子供を教へる機関が大いに備はり智育、体育、徳育の諸方面に残る所なく行きわたりましたが、ただひとり児童を楽しませる機関の一だけがまだ備はらないのは誠になげかはしい事」であるとした檄文が掲載され、熊見の熱い思いを垣間見ることができます。

当時は、経済的にも逼迫した状況であったのでしょう。「お伽新聞」には、熊見が購読者を増やすために躍起になっているようすが、紙面からもしばしばうかがえます。しかし、そのような事情はさておいても、「お伽新聞」は、ニュース伝達や娯楽の他に、「京都お伽会」会員のネットワークづくりの役割をも担っており、子どもと自身をつなぐ手だてとして、熊見杖童の活動の糧となるものであったに違いありません。

④ 熊見杖童の作品

しかし、当然のことながら、そのような活動のみによって生計を立てていくことは困難であり、「京都お伽会」もしばしば解散の危機に直面していました。当時の新聞記事によれば、熊見自身、家賃の滞納により住居を追われて街頭をさまよい、その姿を見かねて、彼の口演童話を聞いたことがある少女が、旅館

を経営する自宅に連れて帰ったこともあったそうです。

　第二次世界大戦を境にして、口演童話そのものの衰退や、自らの交通事故による負傷、社会の障碍者観の変容などにより、熊見杖童の晩年は決して恵まれたものではなかったといえます。500篇にもおよぶといわれる作品のほとんどは、経済的な事情から、印刷物として世に出すことはできませんでした。したがって、原稿の多くはすでに散逸し、彼の仕事の全容を捉えることは困難になっています。わずかに、「話は大抵『昔々あるところで……』という形ではじまるのであった。話は簡単だが劇的なテーマをもって居た。主な登場人物は、蟻、蝶々、トンボ、兎、鼠、金魚といったものである」(注1)というような断片的な紹介や評価が、伝説のように残されているだけなのです。

⑤ 熊見杖童の仕事と児童文化

　熊見杖童の仕事は、今となっては、その時代、その地域の人々の記憶のなかにのみ存在しているといっても過言ではありません。しかしながら、熊見が、町のおはなしのおじさんとして活動したことはまぎれもない事実であり、その活動は、子どもとともにある児童文化運動のありようを考えたとき、現代の私たちにも多くの示唆をあたえてくれます。

　なお、彼の晩年には、いくつかの週刊誌が記事を組んでいますが、それらも、主にその不幸な境遇について取りあげたものであり、口演童話家としての熊見を正当に評価するものではありませんでした。唯一、1959（昭和34）年の病没後に、北垣ムネハルがユネスコ通信に「ジョードー・クマミ……日本のアンデルセン」と題して寄稿しており、そこでは熊見杖童の業績が簡潔にまとめられ、世界各国に紹介されました。

【注】
1．北垣宗治の原稿「ジョードー・クマミ……日本のアンデルセン」より引用

【参考文献】
小川清美編著『演習児童文化　保育内容としての実践と展開―』2010　萌文書林
川北典子「明治・大正期の京都における童話の口演活動　熊見杖童と『京都お伽会』―」1995　龍谷大学論集第445号
櫻井美紀『子どもに語りを』1986　椋の木社
原昌、中川正文他編『児童文化概論』1975　建帛社
松岡享子『お話とは』1974（2009新装改訂版）　東京子ども図書館

（川北典子）

8 子どもと劇的活動
～ごっこ遊び・劇遊び・劇～

　子どもが主に保育の場で行う演じて遊ぶ活動には、「ごっこ遊び」「劇遊び」「劇」があります。自分ではない他者になり遊びこんでいる子どもは、その場に虚構の世界をつくり上げ、自分とは違う者になったつもりのことばを語り、その人らしい行為を振舞います。

　この虚構の場面を創造して演じるという点で共通する「ごっこ遊び」「劇遊び」「劇」の演じて遊ぶ活動は、幼児期の子どもの育ちにどのような意味を持つのでしょうか。それぞれの特徴や子どもの育ちにとっての意義、指導の留意点を考えます。

1. ごっこ遊び

　エプロンを着け、ままごと道具の鍋を手に料理をする振りをしている子ども、その傍らで、空のお皿を手においしそうに食事をする子どもなど、自分の世界をつくり上げて「ごっこ遊び」をする子どもたちの姿は、3歳、4歳、5歳児のどの年齢においても日常的に見られ、子どもの遊びを代表する遊びです。

① ごっこ遊びとは

　ごっこ遊びとは、今井和子 (1992)、髙橋たまき (1980)、八木紘一郎 (1998) らの研究を参考に、次のようにまとめることができます。つまり、ごっこ遊びとは、子どもが日常生活の中で出会うすべての事柄のなかから、人や出来事など

興味や関心を抱いたものの生活や行動様式をまねる遊びの総称です。子どもの興味や関心の対象は、憧れを抱くおとなもあれば同年齢に近い子どももあり、また、お話の登場人物ということもあります。そして、その行動はお化粧をするなどの単一の行動ではなく、ひとまとまりの構造と時間経過を持ったものとします。さらに重要なのは、個人レベルのまね遊びではなく、集団レベルの人間関係を伴って展開される遊びであるということです。

② ごっこ遊びを構成するオモシロさ

　年齢の低い子どものごっこ遊びは、集団は小さく、関係性は単純でそれぞれが自分のなりたい役になることを追求して遊ぶことが多いといえます。しかし成長に従って次第に複雑さを増し、「ごっこ遊び」に求める個々の思いが関連性を持ち、遊びが発展していきます。

　例えば、4歳児でみられたお店やさんごっこは、折り紙で作った花がたくさんできたことで、ある子どもがお花屋さんをやりたいと言い出したことがきっかけでした。一緒に折り紙で花を作っていた数人の子どももお花屋さんごっこをしたいということになり、ある子どもはテーブルをお店に見立てて並べ、その上に折り紙で作った花を並べました。そして、お店ができあがると店番をしています。また、同じようにお花屋さんをやるといった子どものなかには、花を作り続ける子どももいれば、お店で使うお金を作る子どももいました。しかし、こうして準備が整い開店したもののなかなかお客さんが来ません。すると、お店屋さんの子どもが、おうちごっこをしている子どもたちのところに行き、お花屋さんができたことを伝え買いに来てくれるように誘いました。これに促され、おうちごっこの子どもたちがお客さんとしてやってきて、お花屋さんとお客さんのお店屋さんのやりとりが始まりました。

　この一連のお店屋さんごっこにみられた子どもたちの姿には、ごっこ遊びの幅広い面白さが含まれています。つまり、役になることだけではなく、その場に必要なものを作って揃えたり、場を構成したり、役になる者同士の関係性を成り立たせたりと、それぞれがさまざまな面白さを遊びこむことができるのです。

　八木は、ごっこ遊びを構成する面白さの要素を五つに分類しています。①「役

になるオモシロさ」、②「モノをつくるオモシロさ」、③「行為をするオモシロさ」、④「空間にするオモシロさ」、⑤「人・かかわり、組織とするオモシロさ」です(注1)。この面白さは、遊びが生まれた瞬間から終結するまで五つ全てが常に存在するとは限りません。また、どの要素が最初に発生するかどのように変異するかということもそれぞれに異なります。それは、子どもの自発的な思いによって展開される遊びである「ごっこ遊び」は、その時、そこに集まった子どもたちの、その時の思いによってつくられていくものだからです。

③ ごっこ遊びの意義

「ごっこ遊び」を通して、子どもたちには次の三つの育ちを促す経験が期待できます。

一つ目は、自分の思いを実現させる自己実現の経験です。遊びはそもそも子どもが主体となり自発的に展開する活動で、本質的にはおとなの指導が入ったらそれは遊びとはいえません。ごっこ遊びは何でもありの虚構の世界です。虚構の世界だからこそ、子どもは日常抱いている願望や欲求を自由にかなえ、思うままにその世界を満喫することができるのです。子どもは、一見、自己中心的な自由な存在にみられていますが、実際は自分を取り巻く世界の秩序や価値観などおとなの生活の場に自分を合わせながら生活しています。そこから人間として社会で生きていく術や考え方を学んでいるわけですが、子どもたちにとっては否応なしに周りの状況に自分を合わせて生きているともいえます。そうした子どもにとって、周りの世界を自分のなかに取り込み、自分の思いのままの世界をつくり上げるごっこ遊びは、自分で考え自分で決める自己実現の場であり、自己確立の土台となる重要な経験の場となります。

二つ目は、演じたいと思うものやことを自分なりに演じることを通して、その本質について考え、自分自身を見つめる経験です。例えば、母親や先生、お店屋さんなど、子どもが興味を抱き演じてみたい自分以外の人になって、普段はできないことを行うにあたっては、普段からその人をよく観察し、その人の特徴的な行動やしぐさを把握します。つまり、母親あるいは先生の行動やしぐさを演じることは、その人の職業や役割の特性を把握し本質を理解することに通じます。そして、演じることで他者になるということは、自分と演じる対象

を比較し、自分自身を見つめることにもなるのです。

　三つ目は、自分以外のものになることによって、自分とは違う価値観や異なる世界があることを知り、自己の世界を拡大する経験です。子どもは発達がまだ十分ではないため、一人でできることは限られ生活経験も乏しい状態にあります。幼児期は直接経験を豊かに広げていくことが重要ですが、全てを直接経験で補おうとしてもなかなか経験の幅を広げることは困難で、絵本や紙芝居などによるお話を楽しむ間接経験に負うところが大きいといえます。そうした子どもにとって、ごっこ遊びはより能動的にさまざまな人やことを間接体験する場となります。例えば、日頃、好き嫌いなく何でも食べて健康に育ってほしいと願う親にまずいから食べたくないと言っている子どもが、親を演じることを通し、自分とは違った価値観や役割、生活があることに気付いていきます。遊びを通したこのような経験が、子どもを自己中心的な思考から抜け出させ、他者の存在を認識し、その人の心情や役割を理解して受け止めることができる脱自己中心の思考に導くのです。

　また、子ども同士のなかで、友達がイメージしたことを受け止めイメージを共有していくことにより、相手の主張と自分の主張を調整し合う、自律的な協同の姿勢を学んでいくことになります。

④ 保育者の指導について

　保育者が第一に意識すべきことは、ごっこ遊びは子どもが主体となって取り組む遊びだということです。この遊びが充実するためには、日常の保育のなかで五感を働かせる直接経験を幅広く保障する指導が求められます。これは、幼稚園や保育園に限ったことではなく、家庭と連携し、家庭や地域のさまざまな自然現象や社会現象に触れることも重要です。こうした経験を基盤に、子どもはごっこ遊びという虚構の世界をつくり出し、ごっこ遊びの世界をより具体的につくりあげていくことを楽しむことができるのです。

2. 劇遊び

① 劇遊びとは

　劇遊びは、直接的な指導者が存在し、ある程度ストーリーを構成して虚構の世界をまとめ上げる方向付けをします。自己中心的な認知からまだ抜け切れていない発達段階の子どもにとっては、お互いのイメージを重ね合わせて発展させていくことや、演者でありながら全体を把握する演出家の視点を持って遊びに参加することはとても難しいことですが、劇遊びとして指導者の導きがあることで、自分たちだけではつくることができなかった物語性のある豊かな虚構の世界を生み出すことができます。

　ごっこ遊びでは、例えば、お母さんは料理をするといった概念化された一般的なイメージで、それが際立つような場面を断片的に演じることで終わっていました。しかし、劇遊びでは、ストーリー性が増すことで演じる役に個性化が求められ、一人の人物としてのより具体的な行動が求められます。つまり、お母さんであっても、そのお母さんの性格、得意なこと、その場その場の瞬間でなにを感じているのかを想像して演技することが促されます。こうして、子どもはその役により深く入り込み、その役を生きることになるのです。しかも、子どもには、一緒に演じている相手の演技を受け即応的に演技で対応していくことや、お互いに相手に何をしているのかがわかるような演技が求められます。

② 劇遊びの意義

　劇遊びで子どもたちに最も求められるのは、まずは、その役を演じるということです。上述したように、劇遊びでは指導者がある程度ストーリーを構成し、虚構の世界をまとめ上げる方向付けをします。つまり、その役割は演出家です。一方、劇遊びに参加する子どもたちは俳優として役を演じ、演じることで想像性と創造性を発揮します。他者になるという経験に関しては、ごっこ遊びの意義で述べた自分理解と他者理解も同様ですが、劇遊びは演じる人物の感情理解の深さという点で大きく異なります。例えば、お母さん、先生などの役を演じることで、自分とは違う存在の立場や役割を知るというのがごっこ遊びですが、

劇遊びでは、その役のその瞬間ごとの感情を感じ取りそれを表していきます。

　子どもたちの生活は、生活の場も人とのかかわりもまだ狭く、そこでの生活経験は限られたものです。そのため、経験できるさまざまな感情や思考も、限られた範囲に収まりがちです。そうした子どもたちにとって、劇遊びは、虚構の場での間接的経験により感情や思考の経験の幅を広げる大きな意味を持ちます。

　幼児の間接経験には、童話や絵本や人形劇を聞いたり見たりすることを通して、登場人物に同化してお話の世界を楽しむことがあります。このようにお話を享受して受動的にお話の世界を間接体験するのと、お話の世界を基盤にした劇遊びを展開することで自分が表現者になって能動的にお話の世界を間接体験するのとでは、大きな違いがあります。神谷栄司は、ストレスコワの論文を参考に、幼児がお話を知覚する際は、作中人物の認知的評価と感情的評価は直接一致せず、二つの評価を合流させるためには作中人物への感情移入（共同体験や共感）をつくり出す劇遊びが最も有効である(注2)と述べています。絵本や人形劇といったお話を享受する場合、子どもは見かけの美しさや外見上の好みがフィルターとなって登場人物の真の価値観を誤って把握してしまうというのです。例えば人形劇鑑賞において、醜いけれど内面は素晴らしい登場人物への理解は低いけれども、劇遊びでいろいろな登場人物を演じた後では、醜いけれども内面は素晴らしい登場人物への理解が高いというのです。子どもは自分の身体と心を動かすことのできる間接体験によって、より具体的な豊かな心情を体験することができるのです。

③ 劇遊びの指導

　繰り返しになりますが、劇遊びの指導において忘れてはいけないのは、劇遊びの本質は遊びであるということです。指導者がストーリーの構成をある程度念頭に置き全体の展開の方向付けをするのは、指導者が与えるお話を飛躍台にして、日常性の濃いままごとに代表されるごっこ遊びとは比べ物にならないくらい強烈に、子どもの想像力を刺激することができるからです。現実生活のルールや、現実生活に適応するための努力に煩わされることなく、想像力をいっぱいに広げることを楽しむためには、お話の世界が必要になるのです。

🍎 題材となるお話

　お話の世界はつくりごとのファンタジックな世界ではありません。子どもは、ファンタジックなつくりごとの世界であってもそこに真実性が感じられないと疑問を感じその世界に入り込めません。つまり、成長の過程にある子どもたちには、人が生きていくにあたっての普遍的な真実が描かれた納得のいくお話であること、そして、その世界を役になって生きることができるお話が求められます。

　また、劇として観客に観せることを意識した場合には、事件性のあるドラマチックな筋のお話が好まれますが、劇遊びはそういった考慮は必要ありません。日常生活の中で、子どもたちに芽生えた興味や関心を遊びの中で充実させることができるお話を考えます。そのお話のテーマが子どもたちの育ちに適合するものであれば昔話や絵本も題材となります。この場合、お話の筋を追うことが目的ではありませんから、子どもの思いや発想を受け止めながら、具体的場面の表現を楽しめることに配慮して展開していくことが求められます。また、クラスで飼育していた小動物を題材に、その成長の過程を題材としたお話をつくって劇遊びを楽しむこともできます。そのためには、あらかじめ意図的に小動物の観察記録をまとめる活動に取り組んで、子どもたちがその小動物に関心を向けたり、飼育活動への取り組みを楽しんで行うための指導があるとよいでしょう。

🍎 お話を読み込む活動から劇遊びへの展開

　劇遊びで役になって演じることを楽しむためには、お話の世界をなるべく印象的に子どもたちに受けとってもらうことから始まります。子どもたちが心を寄せることができる登場人物と出会い、関心を向けた登場人物に同化し、その人物の心情を自分なりに感じて楽しむことができるよう、保育者は読む技術や語る技術を日常的に磨いておく必要があります。

　お話を聞き終わったら、子どもたちに役を選ばせ決めていきます。何人もの子どもが希望する役があったり、逆に誰も希望しない役があったりします。あまりここで時間を掛けず、演じたいと思った気持ちを優先して遊びを始めてい

きます。子どもたちは劇遊びの経験を重ねるなかで、自分とは全く違う悪役などになって役を演じる楽しさにも気付いていきます。また、いろいろな登場人物が存在することでお話の世界が成り立って面白くなることがわかると、面白く劇遊びが展開されることを考えて、それぞれの役にうまく希望が出てくるようになります。同じお話での劇遊びは一度やっておしまいというのではなく、絵本を何度も読んでもらって楽しむように、劇遊びも何度もやってみるなかで登場人物の理解を深め、その表現を自分なりに工夫し、他者になって演じ、友達と一緒になって劇遊びの世界をつくる楽しさを知っていきます。役を変えたり、ある場面の表現をいろいろに工夫してやってみるなど、何度も繰り返し行います。その際、保育活動であれば、その日の保育のねらいに準じ意図的な指導のもとでの取組みが基本です。保育者の教育的意図が基盤にあることで、環境構成や必要な場面での問いかけも適切に実施され、保育活動としての劇遊びの意義が実現されます。

3. 劇

① 劇とは

　劇を成立させる要素は、役者と脚本と観客です。つまり、前述の劇遊びとの大きな違いは、観客の存在です。子どもたちには、自分たちがその役になって演じることを楽しむ劇遊びとは異なり、観客の存在を意識し、観客にわかるような表現を考えて演じることが求められます。

　幼児期の発達から考えると、自己中心性がまだ強い3・4歳児では観客への視点で表現を考えて演じることは難しく、5歳児くらいにふさわしい活動と考えます。発表会などで3歳児がステージに立ち、多くの観客を前に台詞を言い身振りを付けて演じたとしても、それは厳密には劇とは言えないものです。観客を意識した演劇的表現としてつくり上げられ発表しているかという点が、劇か劇遊びかを区別する指標になります。

② 劇の指導について

　劇は上演を目的とし、遊びである劇遊びとは異なりますが、保育現場では、劇遊びの手法を用いて、お話の把握から場面や登場人物の理解、そして登場人物の気持ちを捉えた演技までを指導していくのがふさわしいと考えます。

🌱 題材

　劇が観客の存在によって成立することを重視すると、観客が楽しめるお話を選ぶことが一つの観点となります。幼稚園や保育園での発表を想定すると、在園児を念頭に、昔話のようなストーリー展開がわかりやすいもの、善悪が明確で結末の決着が明解なものがよいでしょう。また、上演する子どもたちにとっても、お話を理解し登場人物に共感して演じていくためには、スリーリー展開や心理描写および人間関係が複雑なものはふさわしくありません。

🌱 脚本

　劇の脚本は、劇遊びの活動を通して指導者である保育者が子どもたちとともにつくり上げていきます。脚本集を利用することもできますが、子どもの生き生きとした表現を引き出すためには、完成した脚本通りに台詞を覚えさせ順を追って劇を進めてもできません。保育者は、先を見通しおおよその流れや場面、登場人物のポイントとなる台詞や動きなど全体の構成を考えておきます。
　もとになるお話を場面ごとに区切り、場面設定、場面ごとの登場人物、登場人物同士の関係や気持ちを子どもたちと一緒に考えながら具体化していきます。子どもは実際に役になってみることで、登場人物を理解するとともに、お話全体を把握しテーマも理解していきます。

🌱 配役

　発表に向けた配役を決定するのは、劇遊びの活動を何度も繰り返し、脚本を固めていく活動を終えた後に、子どもたちの希望を聞きながら決めていくのがいいと思われます。子どもは繰り返しのなかでいくつかの役を体験し、どの役を演じたいか自分で決めることができるようになっているでしょう。

保育現場で問題になるのは、子どもの人数に比べお話の登場人物の人数が少ない場合です。複数の子どもが一つの役を演じる、例えば、3人の桃太郎が並んで登場し一言ずつ台詞を言うとか、場面ごとに違う子どもが演じる、お話の内容には関係がないけれども、風や木や動物などになって、その場面の雰囲気を表す役を設けるなどの方法で、とにかく全員の子どもを舞台に立たせることに苦慮しています。これが全て悪いというわけではありません。保育現場での劇ですから、芸術作品としての評価よりも、劇の活動に取り組んだ子どもの育ちに焦点をあてて、保育のねらいを達成するための意図的な指導が実践できていたか、子どもたちにねらいが達成されていたかが優先されていいと思います。一方で、やはり劇である以上、観客として観劇した子どもたちが理解し楽しめる作品になっていたかという点も考慮する必要があると考えます。演じている者たちだけが満足するものになってしまっては劇ではなくなってしまいます。

衣裳・お面

　衣装やお面は、観客にとってその登場人物がどういった人なのかを表現し伝えるシンボルになりますが、それ以上に、演じる子どもたちにとってその役になることを支える道具として大きな意味を持ちます。つまり、衣裳やお面を身につけるという外面の形を整えることで、他者になるという内面の心情がつくられるのです。

　また、衣裳やお面を自分たちで製作することも、役のイメージを明確化したり、その役を身近に感じ役への同一化を促すことに繋げることができます。劇の活動を総合的な活動とすることで、演じる活動をより充実させることを考えるとよいでしょう。

③ 劇の意義

　劇は子ども同士の遊びではありません。たとえ保育室での上演であっても、第三者である観客を前にして演じる芸術的活動であり公的なものです。演劇は総合芸術とも言われていますが、脚本の文学性、演技にかかわる身体的・言語的表現、小道具や舞台上の構成にかかわる美術的表現、場面の雰囲気や登場人物の心情を効果的に表すための音楽的表現など、さまざまな分野がかかわって一

つの作品がつくり出されます。

　保育の現場での劇の活動では、上述したように、役者として舞台に全員の子どもを立たせることが優先して考えられますが、一つの作品をつくり上げる際に、音楽を担当したり、小道具作りを担当したりと、さまざまな分野からの作品づくりへの参加ができます。保育の現場で劇に取り組む際には、小道具作りをしたり、音楽に合わせた動きを考えたり、いくつかの役を演じてみたりなど、いろいろな活動にみなでかかわって作品づくりを進め、発表を迎えるのです。それぞれが自分の興味関心や得意な活動から主体的にかかわって一つの作品をつくる、また、舞台で多くの仲間と一緒になって演じる、こうした劇の活動はまさに協働的な活動です。子どもたちはそれぞれの思いや考えを活かし合い、お互いを認め合い作品をつくっていくのです。

　また、発表という第三者を前にした上演は、子どもたちにとっては大きな緊張を伴うものですが、だからこそそれに向かって前向きに取組みやり終えた充実感は、劇遊びでは味わうことのできないもので、大きな自信につながっていきます。また、観客の笑顔や拍手によって、ひとに喜んでもらえたことを実感できた経験は、自分の存在価値を感じさせ人への信頼や人とのつながりの気持ちを大きくすると考えます。

【注】
1．八木紘一郎編著『ごっこ遊びの探求　生活保育の創造をめざして　』1998　新読書社　pp.66-77
2．神谷栄司『ごっこ遊び・劇遊び・子どもの創造　保育における経験と表現の世界　』1993　法政出版　pp.134-136

【参考文献】
今井和子『なぜごっこ遊び？―幼児の自己世界のめばえとイメージの育ち―』1992　フレーベル館
神谷栄司『ごっこ遊び・劇遊び・子どもの創造―保育における経験と表現の世界―』1993　法政出版
八木紘一郎編著『ごっこ遊びの探究―生活保育の創造をめざして―』1998　新読書社
C.ガーヴェイ著　高橋たまき訳『「ごっこ」の構造―子どもの遊びの世界―（育ちゆく子ども　0才からの心と行動の世界6）』1980　サイエンス社

(松崎行代)

9
子どもと行事

1. 行事～年中行事と人生儀礼～

　文化とは「社会を構成する人々によって習得・共有・伝達される行動様式ないし生活様式の総体(注1)」であり、私たちの生活の全ては文化といえます。その生活にリズムを生じさせ、潤いを与え、またその社会を構成する人々の一体感を強めるのが行事です。

　一般に行事といわれるもののなかには、一年のサイクルをもって繰り返し行われる年中行事と、人の一生にかかわって行われる人生儀礼とがあります。

　年中行事には、全国的に共通して行われているものもありますが、それぞれの家庭や地域によって行事の数や種類、呼称や内容は異なります。それこそが、社会・地域を構成する人々によってつくり出された文化としての行事の特徴です。しかし、近代化によってムラ共同体が崩壊した都市においては、当然ながらすでに消え去ってしまったものが多くあります。その代わりに、個々人が帰属する集団ごとにさまざまな行事が独立性をもって行われたり、クリスマスに代表される海外からの新しい行事が増加しています。このように、現代の年中行事は、かつての儀礼性や規範性から解き放たれて、個々人や家庭が適宜選択して行うかたちに移行しつつあります(注2)。

　また、日本は高度経済成長を経て、ライフサイクルからライフコースへと変化し、家族よりも個人を単位とする家族研究の概念が誕生しました。そのようななか、人生儀礼の意味についてもあらためて考える必要があります(注3)。

年中行事、人生儀礼を通して、行事とは人間にとってどのような意味があるのか、次代を担う子どもに行事を通して何を伝え育てていかなくてはいけないのか、行事が子どもの育ちに与える影響と今後の在り方を考えます。

2. 人生儀礼

　人生儀礼とは、誕生、成長、成人、結婚、葬送など、人生の節目ごとに行われる儀礼です。本来、一つひとつの段階を超えることに意味があり、子どもの心身の成長発達を祝うとともに、一人前になっていく過程を子ども自身が自覚するとともに周囲の人々が認めるための儀式でした。かつては、親だけでは子どもの命を守り育て上げることは難しく、地域や親せき同士のつながりのなかで子育ては行われていました。また、成人するということは、一定の技能を持ったムラの一員として、ムラを支える一人前の存在になることだったのです。

　現在の若い親たちは、育児雑誌で得た情報と商業化されたさまざまなサービス提供により、彼らの父母の時代以上にお宮参りや七五三をはじめとするさまざまな人生儀礼を行っているようです[注4]。おしゃれと記念写真と食事を楽しむ単なるイベントに終始するのではなく、意味が込められ、一人の子どもに寄せる多くの人の愛情を感じあえることができれば、それは子どもと親とを支える子育て支援になるでしょう。

　以下に、代表的な人生儀礼の行事を簡単に紹介します。

- 帯祝……妊娠5か月の戌(いぬ)の日に、安産を祈願し妊婦に腹帯をつけます。戌の日が選ばれるのは、犬が多産でお産が軽いことにあやかっています。腹帯を付ける効果に医学的根拠はありませんが、単に妊婦や胎児を保護する目的のみではなく、胎児の存在を示し、妊婦として自他ともに特別な状態に入ったことを示す意味があると考えられます[注5]。
- 三日祝……生理的体重減少が安定する生後3日目頃、初めて赤ちゃんに産湯を使わせる「湯初め」、産毛を剃る「産毛剃り」、産着を着せる「着初め」を行います。「着初め」は、人間しか着ることのない袖のある産着を着せてもらうことで、人としての生活が始まることを意味します。
- お七夜……生後7日目。この日までに名前が付けられ、祝いの席で皆に披露

します。人の子どもとしてその生存を社会的に承認してもらう最初の機会となります。

- 産屋明け・初宮参り……約生後1か月。産屋明けといって産後の忌みの期間が明けて母子が日常生活に統合されます。これをまって氏神参拝を行い、赤ちゃんが氏神に顔見せのお参りをします。
- 食初め（百日の祝い）……生後100日目。子どものためのお膳一式を用意し、一口ずつ食べる真似をさせます。一生の食べ物に困らず健康に育つことを願い、また、お膳に小石（歯がための石）を添え丈夫な歯が生えるようにという予祝の意味も含めます。
- 初正月……初めて迎える正月。かつては正月ごとに新たに一つ歳をとる習慣でした。そのため生まれた時すでに数え年で1歳の赤ちゃんは、初めての正月を迎え2歳の祝いとなります。かつて、初正月を迎えた子どもには、厄除けや出世、健康を願い、男児には破魔矢や凧、女児には羽子板などが贈られました。
- 初節句……初めての節句。男児は端午の節句に鯉のぼりを、女児は桃の節句に雛人形を贈られ、健やかな成長を願います。
- お誕生……満1歳。数え年で年を数えていましたが、満1歳だけは個人の誕生日を祝いました。誕生餅などといわれる一升餅を子どもに背負わせたり、そろばんや農具、筆などを置き、どれを取るかによって将来を占ったりしました。

　近代以前は、出産は、母子両者にとって死の危機を伴う大変な仕事でした。幼児の死亡率が高かったばかりでなく、妊産婦が出産で命を落とすことも少なくありませんでした。そうした状況のなか、家族は赤ちゃんが3日、7日、1か月と区切りとなる日を迎えるごとに、その育ちを親せきや集落の人とともに喜び感謝し合ったのです。

- 七五三……男女3歳の「髪置き」の祝い、5歳男児を中心とする「袴着」の祝い、7歳女児を中心とする「帯解き」の祝いをさします。男児が袴をはくこと、女児がおとなと同じ仕立ての着物を着ることは、子どもから一線を画したことを意味しました。
- 子ども組への加入……7歳。子ども組とは、数え歳の7歳から14・5歳までの子どもで構成されるムラの年齢集団の一つで、若者組の下に位置します。子ども組が活躍するのは、小正月、十五夜、十日夜などのムラの年中行事の時で

した。特設の仮小屋をつくって寝泊りし、若者たちの干渉を受けながらも年長者を中心に子どものみで運営されました。子どもたちはこの活動を通して、生活技術や共同生活の秩序について学び、一人前になるための基礎的な経験を重ねました。

　誕生から頻繁に設定されていた生育儀礼は、成長するのに従い間隔が長くなり、7歳頃で一区切りがつきます。つまり、7歳が幼児から脱するときであり、7歳を迎えた子どもたちは正式に氏神の氏子となり、ムラ社会の一員としてその組織に組み込まれました。

・**成人式**……かつて、成人儀礼とは、個人に対して、子どもから一人前のおとなへの集団内での位置・役割の移行を要求するとともに、他者に対してその移行を認知させる社会的措置でした(注6)。富山県立山市では、一定期間山に籠り、子どもから大人への生まれ変わりを模擬的に演じる習わしがありました。

　民法の改正により2022年4月から成人年齢が20歳から18歳に引き下げられ、18歳から選挙権や国民投票の投票権を有するようになっています。

　これまで一般的に行われていた行政主催の成人式は、一見公的な社会的行事に見えますが、内実は美しい衣装を身に着け写真を撮る個人的な楽しみになってはいなかったでしょうか。成人としての義務と責任を理解し、育ててくれた家族に感謝を伝え、新たな人生のスタートの節目となることが願われます。

・**結婚**……結婚にあたっては、男女ともに一人前になったことを認められることが条件となっていました。男性においては、年齢にふさわしい労働力を満たしていること、また、若者組に加入してムラにおける共同作業の平等性が確保されることが条件でした。かつての若者たちは、課せられた条件を自らが超えることで一人前となり、社会の中で認められる存在になりました。そこで初めてその社会の中で一人前として認められ、結婚を許さる存在になったのです。

　現代の若者には、成人や結婚にかかわる一定の条件や儀礼を通過する義務が課せられていません。つまり、一人前になるための方法を明示されないまま、そのための努力は個人の責任に任されているのです。これはある意味、若者にとっては大変大きな課題であり、困難さになっているとも考えられます。成人するとはどういうことか、成人を迎えようとする若者はもちろん子どもを育てるおとなたちも、大きな問題として考える必要性を感じます。

3. 年中行事

　年中行事とは一般的には毎年一定の時に繰り返し行われる公的な行事・儀礼をいいます。民俗学では特別な行事を行う日のことをハレの日、普段の日のことをケの日と呼びます。このハレとケの繰り返しが生活のリズムをつくりだし、人々は一日一日を前向きに生きることができます。また、年中行事とは、その地域社会の生活や産業と深くかかわり、行事にその地域社会を形成する人々が参加することにより、ムラ共同体としての一体感を生み出す大きな意味を持っていました。

　以下に、全国で共通してみられる一般的な年中行事をあげました。

　1月：正月　七草粥　小正月　　　　2月：節分　立春　初午
　3月：桃の節句　彼岸　　　　　　　4月：灌仏会（花祭り）
　5月：端午の節句　八十八夜　　　　6月：衣替え
　7月：七夕　　　　　　　　　　　　8月：お盆（旧暦は7月）
　9月：十五夜　重陽の節句　彼岸　　10月：衣替え
　11月：酉の市　　　　　　　　　　　12月：冬至　大晦日

・**正月**……正月は、現在も若い年代の家族から高齢の家族まで、それぞれ個人や家庭の考えや社会事情に合わせて形を変えながらも行われています。

　正月は、本来は歳神を迎える祭りであり、歳神を迎えて新たな年齢を授かり、豊穣を願う予祝を行うものでした。これに先立つ暮れの大掃除は、新しい歳神を迎える準備であり、清められた場所を注連縄で結界し、歳神が降臨の目安とする門松を飾ります。また、餅つきは、降臨した歳神が鎮座する場所である鏡餅をつくって供えるために行いました。

　正月に食べるおせち料理には、素材の名前や色、形にかけて健康長寿、家内安全、豊年満作などの願いが込められています。例えば、まめ（健康）で過ごせるようにと黒豆、子孫繁栄を願って数の子、田んぼの豊作を願って田作り、よろこびごとが多いように昆布巻き、腰が曲がるまでの長寿を願って海老などです。また、お正月に使用する祝い箸は両端が削ってあり両方使用できる形をしていますが、これは一方を自分が、もう一方を降臨された歳神が同じ箸を使って召し上がるとして用意されました。

こうして新しい年を歳神と一緒に楽しみ、歳神が帰っていくと正月が終わったのです。全国各地で行われる小正月の行事には、どんど焼きなどといわれる松飾りを燃やして歳神を送る行事や、次節で紹介する「雪祭り」のような雪を稲穂に見立て豊年の予祝を行う行事などがあります。

・**お盆**……お盆は仏教の盂蘭盆会（うらぼんえ）の略ですが、日本にはもともと伝統的な盆行事が存在したという柳田国男の研究もあり、起源は明確ではありません（注7）。実際の盆行事の内容をみると、確かに伝統的な日本の民俗信仰によるところが多く、「七夕」は、そもそも「棚幡（たなばた）」とも書き、故人を迎えるための精霊棚とそこに安置する幡（はた）をこしらえる日でした。また、現在も行われる「中元」は、先祖へのお墓参りをする際の供物を贈答し合う習俗が起源と考えられています。そして、お盆の帰省も、親が生きている者は、死んだ霊を祀るよりも生きている霊を祝うという意味で「生見玉（いきみたま）」と呼び、嫁いだ娘が親の長寿を祝うために帰省する機会だったのです（注8）。

現在一般的に行われているのは、祖霊を迎える行事です。祖霊を迎えるにあたっては、仏壇とは別に盆棚をつくり迎え火を灯して祖霊を迎え入れ、送る際には送り火を燃やし祖霊はそれに乗って帰っていくのです。こうしてあの世から帰ってきた祖霊と現世の者が交流するのがお盆なのです。

年中行事の多くが産業基盤の変化と共に廃れ去っていった中で、前述の正月とお盆は比較的根強く伝統を保持しています。生まれ故郷を離れた若い家族が渋滞や混雑にもかかわらず実家に帰省する様子がこの時期の風物詩になっていますが、正月とお盆は故郷の家族にとっても故郷を離れて暮らす家族にとっても、他の年中行事に比べ特別なもののようです。しかし、今後、都会と農村との格差がますます大きくなるなか、子どもたちが祖父母に会い、先祖の霊に手をあわて自分の起源を感じる機会を失うことも考えられます。今、子どもたちは、人間関係の希薄化が危惧される社会のなかで生活しています。そして、核家族化により日常的に祖父母の存在を感じることもなく、仏壇のない家では先祖の存在を感じることもありません。自分のルーツを感じ、アイデンティティをどこに求めて築いていけるのか。祖先の縦のつながり・社会の横の関係性のないなか、子どもが自分の存在感やアイデンティティを感じることは大変難しいことです。伝統的な家制度への回帰ではなく、自分のルーツを感じる、その

ような場としてのお盆の過ごし方もあるのではないでしょうか。
- 節句……「節」は、季節の変わり目という意味をもちます。節句は、年に何回かある重要な折り目に、無病息災、豊作、子孫繁栄などを願い、お供え物をしたり邪気を払う行事です。江戸時代に、特に重要なものとして五節句が定められました。人日（じんじつ）（1月7日）、上巳（じょうし）（3月3日）、端午（たんご）（5月5日）、七夕（しちせき）（7月7日）、重陽（ちょうよう）（9月9日）、これらの節句ではそれぞれ独自の意味や決まった供物があり、そうした供物を飲食することから、もともとは「節供」と言われていました。
- 人日の節句……1月7日：七草の節句ともいい、七草粥を食べて邪気を払い、一年の無病息災と五穀豊穣を祈ります。
- 上巳の節句……3月3日：桃の節句、雛祭りともいいます。平安時代のみそぎの行事と宮中のひな遊びが混ざり、穢れを流す流し雛へ、さらに室町時代に雛人形を飾るようになりました。菱餅や草餅を供えます。
- 端午の節句……5月5日：菖蒲の節句ともいいます。もともと農村の女子の行事だったものが、奈良・平安時代に日本に伝わった中国の端午の行事と混ざったとされます。1948（昭和23）年には「こどもの日」として国民の祝日となりました。端午の節句には、菖蒲や蓬（よもぎ）を屋根や軒につるして邪気を払い、香りのよい菖蒲湯に入ったり、ちまきや柏餅を食べたりします。この菖蒲が武士の時代に尚武とかけ、男子の節句として祝うようになったとも言われています。
- 七夕の節句……7月7日：七夕祭りとも呼ばれています。七夕祭りは、日本に以前からあった棚機女（たなばたつめ）というお盆を迎えるための風習と、中国から伝来した織女と牽牛の伝説など、いくつかが混ざってできたといわれています。
- 重陽の節句……9月9日：菊の節句ともいわれます。中国では菊の花が不老長寿の薬草とされ、その菊が咲き誇る時期にお酒に菊の花を浮かべた「菊酒」を飲んで邪気を払う習慣があり、それが平安時代に日本に伝わりました。

　まだ医学が発展していない時代においては、病気は今日のように征服し排除するものではなく、なだめ、鎮め、祀りあげるものでした。今でも季節の変わり目は体調を崩しやすく人々は健康管理に慎重になりますが、古より、日本人はそれを年中行事として、神仏への祈りを込めた儀式として執り行い神仏に祈ったのです。

　人間の力ではどうにもならないことがあることを知り、自然の変化を感じ、楽

しみ、それに合わせて生活を送ることで心と体を健やかに保っていたのです。現在は、自然環境が乏しく、一方では、一年中野菜や果物など何でも手に入る生活のなかで、四季のある日本においても季節の変化を感じ楽しむことができにくくなっています。見つけにくくなった季節の移ろいを暦によって意識し、その変化を身の回りの自然から探すことを子どもたちとともに楽しみたいものです。

4. 伝統的行事と子どもの育ち
——新野の雪祭りを事例に

　長野県の最南端に位置する下伊那郡阿南町新野の「雪祭り」は、雪を稲穂に見立てて豊年の予祝を祝う小正月の行事です。1月14日から15日にかけ夜を徹して神社の境内で行われる庭能は、田楽や舞楽、猿楽、田遊びなど能や狂言の古い形を残し、国の重要無形文化財に指定されています。この祭りは、町の住民によって組織された新野雪祭り保存会を中心とする住民によって執り行われています。そして、幼児から小学生・中学生・高校生も参加し、成人の人たちと同様、神に仕える祭りの従事者として祭りの決まりごとに沿い、それぞれに任された役割に取り組みます。

　参加者たちは、神に仕える者として、祭りの始まりにあたって行われる「お滝入り」で身を清め、宵祭りの13日からは四足の動物の肉を外した精進料理を一日三食、皆でそろって食べます。

　祭りのなかで子どもたちが行う役目には、二つの神社の間を行き来する行列や神楽の笛、舞手が出て舞う場を確保する「お庭番」、ビンザサラの舞、神によって認められたものによって舞われる舞の数種です。そして、次のような経験によって、ムラの一員としての育ちを得ると考えます。

① 仕事・役割を通しての学び

　高度経済成長後の家庭構造の変化、また、高学歴を目指した子育て観の変化のなか、子どもの家事労働や地域の奉仕活動への参加が激減しました。小林剛は、子どもにとって働くことは遊ぶこと、働くことは学ぶことと同様に、子ど

もの成長発達を支える土壌として豊かな活動の場である(注9)と言っています。

雪祭りは子どもにとって、神への奉仕の場・労働の場です。子どもたちは、一つの役割を任せられた責任のもと、おとなたちの姿からの学びも得て、祭りにかかわる仕事に真剣に取り組みます。そして、やり終えた後の他者評価と自己評価から、自分の存在価値を明確に持ち大きな自信を獲得します。子どもたちは、学校教育のなかで体系的に教授される知識や技術ではなく、祭りのような労働の場を通し、この地域に伝わる生活の知恵や共同体で生きていくための人間関係や社会性といった、まさに生きる力を身に付けています。

② 共同体の中で感じる一体感

13日の宵祭りから、14日・15日の祭りの一連に参加する子どもたちは、親元を離れ、ムラの人々と生活して神事にあたります。ここでは、氏子組織のタテとヨコの幅広い人間関係の中に身を置くことになります。年齢の違うムラの人々が、一つの目的に向けて心を一つにする場は、子どもたちにとっては社会を拡げ、拡がった社会に歩みを進める貴重な機会になっています。そこで見るさまざまなおとなの姿、一つのことに力を合わせる人々の姿は生き方を学ぶ重要なモデルであり、祭りというムラにとって重要なものに自分も加わり彼らと一緒にやり遂げられた喜びは、共同体の一体感を感じる場になっています。

③ 伝承を核とした異年齢とのかかわりの中での学び

雪祭りには、3歳くらいの幼児から70歳ほどの高齢者まで、幅広い年齢の氏子が参加しています。子どもの集団においても保育園児、小学生、中学生と10歳ほどの年齢差があります。そのなかで子どもたちは、年少者への気配りや指導をごく自然に行うようになります。また、年長者への感謝や尊敬の気持ちもあわせて抱くことができます。

④ 自然や神への畏敬の念

科学の発展していない時代から伝承される祭りだからこそではありますが、身を清め祭りに向かう姿勢、面をつけ神になることなど、見えない神の存在を感じ、その神を崇める思いを一つひとつの行いのかたちとして大切に受け継い

子どもと行事

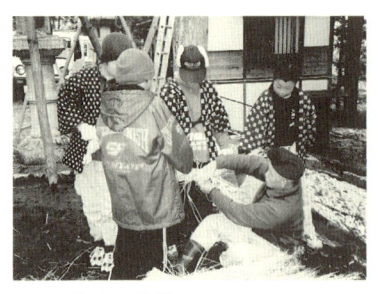

図1　祭りの準備　　　　図2　ビンザサラの舞

でいこうと考えて祭りは行われます。祭りを通して感じた神や自然への畏敬の念は、自分のなかのおごりや怠惰さを気付かせてくれることにもなります。効率性や人間中心、自分中心になりがちな現代の人々の生活において、生活の些細な場においてふと自分を見つめる謙虚な目を持つことができます。

⑤ ムラに対する愛着

　新野地区の子どもたちも、多くは高校卒業と同時にこの地を離れます。しかし、雪祭りの際は、県外からあるいは１時間ほどの近郊のまちから帰省し、この祭りに参加する若者が数多くいます。ムラの人たちがみな自分の名前を知っていてくれること、必ずあたたかく迎え入れてくれること、そういう人たちがいることが今の世の中で生きていくのに、とても大きな心の支えになるでしょう。自分を知ってくれている人がいる自分の帰る場所があること、それは、自分の存在を再認識できる場にもなるのです。そういった場所や人を持つ子どもたちは、とても幸せなことです。

5. これからの社会において行事のもつ意味

　民俗の伝統の衰退と消滅が案じられ、復活と活性化を求める動きがあります。その必要性、とりわけ、子どもにとっての伝統的な行事を再生する意義は何なのでしょうか。肝要なのは、行事そのものの維持や継承ではなく、それらが、かつて子どもたちの間で行われていた機能を捉えなおすことではないかと考えま

す。つまり、社会の変化、それに伴う人々の生活の変化に合わせて、行事が形を変えるのはある程度仕方のないことですが、そこで、子どもたちの育ちにとって必要な学びの場が欠落していくとしたら、その補完が図られる必要があります。

　祭りは共同体のアイデンティティ確立の機会であり、また、その活動を通し身体を介して共有される仲間意識の中に自分の居場所を確認できる場です。子どもたちにとっては、こうした実体験をともなった仲間との活動、それを通した自己確立こそが重要であり、今、学校教育においてなかなか確保できにくい学習だといえます。

　こうした活動が今後維持されていくためには、少子高齢化のなか、より幅広い地域住民の参加が求められます。これまで、行事はムラや家といった地縁・血縁のなかで行われ、その集団の生活を維持し今後も保障されることを祈願して行うものでした。しかし、今後目指す協働的な取組みにおいては、行事を一つの参加のきっかけとして関心や目的を同じくする人々が集まることが大きな意義となり、そこでの協働的な取組みをすることを通し、文化が伝承され、子どもたちが地域の行事を通してしか得ることのできない学びを経験することが重要だと考えます。

【注】
1．三省堂『大辞林』より
2．湯川洋司「暦と年中行事」新谷尚紀、波平恵美子、湯川洋司編『暮らしの中の民俗学2　一年』2003　吉川弘文館　p.31
3．飯島吉晴他著『日本の民俗8　成長と人生』2009　吉川弘文館　pp.19-20
4．松岡悦子「妊娠・出産いま・むかし」新谷尚紀、波平恵美子、湯川洋司編『暮らしのなかの民俗学3　一生』2003　吉川弘文館　pp.25-31
5．前掲書3　p.69
6．井口貢他編著『日本人の一生　通過儀礼の民俗学』2014　八千代出版　p.86
7．宮田登『日本を語る5　暮らしと年中行事』2006　吉川弘文館　p.137
8．前掲書7　p.139
9．小林剛『子どもの発達と文化　よみがえれ遊びと生活　』1985　椋の木社　pp.IV-V

【参考文献】
飯島吉晴他著『日本の民俗8　成長と人生』2009　吉川弘文館
井口貢他編著『日本人の一生　通過儀礼の民俗学』2014　八千代出版
松岡悦子「妊娠・出産いま・むかし」新谷尚紀、波平恵美子、湯川洋司編『暮らしのなかの民俗学3

一生』2003　吉川弘文館
湯川洋司「暦と年中行事」新谷尚紀・波平恵美子・湯川洋司編『暮らしの中の民俗学2　一年』2003　吉川弘文館
宮田登『日本を語る5　暮らしと年中行事』2006　吉川弘文館
松崎行代「伝統芸能と子ども（第1報）―新野の雪祭りの記録―」2004　『飯田女子短期大学紀要』(21) pp.46-65

（松崎行代）

10 子どもと遊び

1. 子どもの育ちと遊び

① 遊びとは何か

子どもと遊び

いつの頃からか、おとなにとっての「遊び」は、勤労に相対する怠惰と捉えられ、勉強やまじめさとも対極に位置するものとして、どちらかといえばマイナスイメージのなかで考えられてきました。しかし、子どもにとって、遊びが発達の源泉であり、生活のほとんどを占める重要なものであることは、誰もが認めるところです。とりわけ、幼児期において、遊びのもつ意義は大きいといえますが、それは、単に彼らの一日の生活の大半を遊びという活動が占めるということだけではなく、遊びが、この時期の発達を支える中心的活動であるからに他なりません。

また、遊びは、本来、子どもにとっては、楽しみをともなう自発的な活動ですが、その結果として、次のような効果を期待することができます。

・身体的・運動的機能の発達
・思考力の発達と知識や技術の習得
・社会的認識および態度の獲得
・言語能力の獲得

・想像力および創造力の発達

そのように考えると、遊べない、遊ばない子どもたちが懸念される現状は、これらの力を身につけることができないまま、子どもがおとなになっていく可能性を示唆しているといえます。幼い頃にしっかり遊ぶ経験ができていないこと、遊ぶ機会が保障されないことが、子どもの発達に大きな影響を与えていることは、しばしば指摘されるとおりです。

遊びの分類

遊びの分類については、これまで多くの心理学者や教育学者によって、種々の方法が提示されてきました。感覚遊びと機能遊び、屋外での遊びと屋内での遊び、玩具や遊具を用いる遊びと用いない遊び、季節的な遊び、地域的な遊びなど、さまざまに分けることができます。

また、子どもの発達段階にしたがって考えてみると、ひとり遊び→平（並）行遊び→協同遊びへと移行していくという特徴が挙げられます。平（並）行遊びは、複数の子どもたちが同じ空間で遊んでいるのですが、相互交流のない遊びが展開されるような状況をいいます。しかしながら、空間を共有することによって、他の子どもへの関心が芽生え、観察する力が育っていきます。しだいに隣で遊んでいる子どもと交流できるようになり、やがては協同遊びに発展していく重要な時期であるといえます。

② 現代の子どもと遊び

次に、現代の子どもの遊びについて、さらに具体的な問題点をとりあげ考えてみましょう。子どもの遊びを豊かにする重要な要素として「自然」が挙げられます。かつては、季節の移り変わりも、日々の暮らしのなかでの些細な変化も、わたしたちの身の周りで明らかに感じることができていました。ところが、現代社会においては、子どもたちは、「さぁ、春の草花を探しにいきましょう」「きょうは星の観察をしましょう」と、おとなから誘導されなければ体験することが難しいというような状況のなかにいます。

では、自然を用いた遊びの減少は、失われつつある環境としての自然を復活させさえすれば、解消する問題であるといえるのでしょうか。実際には、自然

豊かな地域で育っている子どもたちにさえ、さまざまな障害物が存在します。道路だけが整備されたために交通量が多くなった、人の関係が希薄になり見知らぬ人が行き来していてもわからず、犯罪につながる機会が増えた、などなど。そして、何より、情報過多社会の渦の中に、おとなも子どもも巻き込まれており、その状況は全国どこに行っても同じです。

　例えば、テレビのメリットは、通信装置がある限りどこへでも、同時に同一の内容が伝達されるということです。それは、地域格差の解消に大きく貢献しているといえるでしょう。いわゆる共通語の獲得はもちろん、さまざまな地域の言葉に触れる機会も増えることで、コミュニケーションの円滑化にも役立っています。しかし、同じように提供される情報の氾濫は、画一化というデメリットをも同時に生み出すのです。その結果、地域のなかで伝統的に育まれてきた独自の文化が希薄になり継承され難い状況にあります。

③ 伝承遊び

　それぞれの地域において、多くの自然を活用した遊びが伝承されてきました。また、「草花あそび」や「石けり」などの自然の素材や環境と密接な関係をもつ遊び以外にも、「あやとり」や「お手玉」「折り紙」「こま」「たけうま」など古くからある玩具を使った遊び、そして、「かくれんぼ」や「おにごっこ」などルールや方法が伝承されてきた遊び、「かごめかごめ」や「花いちもんめ」「おしくらまんじゅう」「はじめの一歩」など、文言や歌が伝承されてきた遊びなど、多くの遊びが時代を超えて伝わってきています。

　伝承遊びとは、長い時間をかけて子どもたちに楽しまれ、受け継がれてきた遊びであるといえます。けれども、どのくらい前に発祥し伝わってきているのかは定かではないことも多いのです。なぜなら、遊びは子どもの生活の多くの部分を占めているものであり、だからこそ取り立てて記録されるべきものとして扱われてきてはいないからです。子どもがおとなより下位の存在として、顧みられることの少なかった時代にはなおさらのことだったでしょう。

　前述したように、伝承遊びとは、子どもから子どもへと継承される遊びです。ところが、現代社会においては、学校や保育所・幼稚園等の施設以外の場所で、子どもの仲間集団を形成することが難しくなっています。各々が塾やおけいこ

ごとなどに追われ、集団で遊ぶことのできる時間を調整することは至難の業になっているのです。子どものみならず、おとなの生活も、交通網など移動手段の発達によって職場も遠くなり、近隣の住民が集団を組織する機会が少なくなったことが、地域社会の崩壊に拍車をかけているといわれています。

そのような状況のなかで、異年齢で遊ぶ子どもの集団を見かけることは皆無に等しくなりました。地域で、年長の子どもから年少の子どもへと楽しい遊びの方法や知恵が受け継がれる道はほとんど閉ざされてしまったのです。そういう意味では、保育・幼児教育の場や小学校、そして学童保育は、遊びを伝承する集団を形成できる最後の砦であるといえるでしょう。ただし、地域や集団を構成する年齢によって、同じ遊びでも、ルールや方法が異なることも、伝承遊びの特徴です。保育者が意図的に伝承遊びを取り入れる際には、その時機や遊びのもつ意味をきちんと押さえたうえで用いることが必要となるでしょう。

伝承遊びには、集団で遊ぶものが多いことから、人と人とのかかわり方を学ぶ機会になります。仲間と協力したり、相手方と駆け引きをしたりするなかで、自然に他人との距離の取り方を身につけていくことができるようになるのです。年少の子どもは、うまくやり遂げる方法や技術を、年長の子どもを見ながら模倣することによって、ときには助言を受けながら理解していきます。また、伝承遊びには競争の原理が含まれる遊びも多くあります。それらは、しかし、力や技だけでは勝つことができないこともあり、まれに未熟だと思われている年少の子どもが大逆転劇を演じることも起こるのです。それが遊びのおもしろさでもあり、伝承されていくために必要な要素になるのだといえます。

さらに、伝承遊びには、スキンシップをとる機会も多く含まれています。手と手を合わせる、手をつなぐ、タッチする、体をくっつけるなどの体験は、人と人とをより親しく結びつける役割を果たします。ともにリズムをとりながら、同様の動きをすることによって、仲間としての連帯感も生まれるでしょう。

伝承遊びの教育効果に統一された見解が示されているわけではありません。けれども、伝承遊びを経験することによって、社会性や共同性、創意工夫する力や細やかな感性が育まれる可能性が高いことは先に述べたとおりです。子どもにとっては、日常生活のさまざまな場面で、それらの遊びの布石が打たれていることも多く、伝承遊びを保育内容の中心に置いている保育所や幼稚園もみ

られます。保育者が伝える役割を担う場合は、自らが体験をとおして、遊びの楽しさや意義を理解しておく必要があります。

2. 冒険遊び場の創造と活動

① 遊びをめぐる問題

　近年、遊ばない、もしくは遊べない子どもが増えているといわれ、子どもの遊びから、「時間」「空間」「仲間」という三つの間が失われていることは、しばしば指摘されてきたとおりです。さらに、遊びの「技術・方法」も伝達力の不足により、変化・消失してきています。

遊ぶ時間・仲間の問題

　さまざまな早期教育、早期能力開発にともなう塾やおけいこごとが、小学生のみならず、幼児の生活からも遊びの時間を奪っているのが現状です。学校教育においても、「ゆとり教育」が提唱される一方で、週5日制のひずみが各所に現れています。そもそも、遊びが、子どもたちの日常生活のなかで、ある程度の継続性をもち、段階を経て発展していくものであることを考えたとき、土曜日1日を休日として、「さあ、遊びなさい」と言えるような類のものでないことは明らかです。まして、土曜日を休みにすることで、平日の子どものゆとりの時間を圧迫しているような現況は本末転倒であるというほかありません。

　今日の少子社会のなかで、多様な家庭環境をもつ子どもたちは、数少ない仲間とさえスケジュールの調整が困難になっています。先にも述べたように、異年齢の子どもたちが、共に集うことで培ってきた遊びの伝承などはさらに難しく、地域での遊びの発展を抑制してしまっているといえます。

遊ぶ空間の問題

　また、子どもの遊び場（空間）についても、著しい変化が見られます。年齢を問わず幅広い層の人々に対する娯楽については、近年さまざまな施設の充実が図られるようになりました。けれども、実際に有効的な活用がなされているか

否かについては、大きな疑問が残るばかりです。

　本来、子どもたちの自由で開放的な遊びの数々は、野原や空き地のようなオープンスペースから生まれてきたものでした。しかしながら、住宅環境の変化により、また、必要以上に安全性が問題視されることによって、路地裏や廃屋のような遊び場も減少し、交通事情の悪化にともなって、自動車が猛スピードで駆け抜けることのない道は皆無に等しいといえます。例えば、家と家との間の舗装されていない路地は、1980年代頃までは子どもたちの格好の遊び場でした。玄関脇の死角を使ってかくれんぼや鬼ごっこを楽しんだり、道端に自生する草を使って草花あそびやままごとに利用したり……そこでは、動の遊びも静の遊びも行うことができたのです。そして、そこはまた、両側の家々から多くのおとなの目が行き届く場所でもありました。

　公園のような管理された場所での遊びは、内容やそのスケールにおいて、どうしても限られたものになってしまうのですが、その公園も、1993（平成5）年6月の都市公園法施行令改正によって、「児童公園」から「街区公園」という名称に変わり、遊具の設置義務等もなくなりました。これは、高齢社会の到来を背景に、高齢者を含めた地域のあらゆる年齢層の人々が利用できるということを考慮して変更されたものだそうです。もちろん、地域のなかで、かつての道端の縁台のように、おとなといわず子どもといわず、三々五々集まって楽しい時間を過ごすための場所があることは望ましいことです。けれども、あらゆる年齢層にと考慮されたものが、結果的には、どの年齢層にも対応しなかったということが、しばしば起こりうる残念な現象であるように、禁止事項の増えた地域の公園は、子どもの遊びの範囲を必然的に狭めてしまいました。

　このような遊び場についての問題は、日本の社会が、経済効果を優先させるためには自然破壊も止むなしとしてきた結果なのでしょう。そのおかげで、子どもは、生き生きと活動できる遊び場を奪われ、遊びの楽しささえ見失ってしまいました。今、子どもの遊び場の再興について考えることは、わたしたちおとなに課せられた急務の課題であるといえます。

② 自由で豊かな遊びを求めて

🍎 リスクとハザード

　子どものダイナミックな遊びを考えるとき、常に表裏一体で存在するのが「危険」という問題です。遊びは、本来自由なものであり、種々の禁止や制限を受けないところでこそ、その広がりを見せることができます。そのためには、自分の行動に自分で責任を負うことは不可欠ですが、近年、それらは欠落していき、おとなのあいだでの責任追及や責任回避がトラブルの元となってしまっています。

　遊びとは何かに立ち戻って考えると、自由で楽しい遊びに「危険」はつきものです。ただし、それは、あくまで「ハザード（hazard）」ではなく、「リスク（risk）」といわれる「危険」でなければなりません。つまり、子ども自身が困難な状況を予測しつつ、自分で判断し乗り越えていく過程にともなう危険がリスクであり、これは、遊びをとおして子どもが成長していくためには必要なものだと考えられます。それに対して、遊具の破損や設計上のミスなどによって、子どもが、不慮の事故に出あうような危険性をハザードと呼んでいます。子どもの遊びを見守るときに、このようなリスクとハザードの区別をしておかないと、危ないと思われることをすべて禁止してしまい、その結果、遊びの価値を失わせることにつながってしまうこともあります。

🍎 冒険遊び場の誕生

　それらを見きわめつつ、現在、冒険遊び場（プレーパーク）を始めとする遊び場づくりの実践がすすめられています。冒険遊び場は、子どもが、自分の責任で自由に遊ぶことのできる遊び場です。1975（昭和50）年、ヨーロッパの冒険遊び場に感銘を受けた親たちが中心になって、東京都世田谷区で活動が開始されました。当初は、区の児童センター予定地を借りて運営されていましたが、やがて、資金や場所など、住民だけでは解決できない問題に直面し、1979（昭和54）年には、行政をもまきこんで、国際児童年の記念事業として区立羽根木公園のなかに「羽根木プレーパーク」を開設することになりました。そして、そ

図1　八日市冒険遊び場（滋賀県）

れらの取り組みは、全国に広がることとなったのです。

　情報メディアの発達により、都市と農村の子どもの遊びをとりまく現状に大差はないといわれます。先にも触れたように、いかに自然が豊かに存在していても、子どもの遊び時間についての保障はなく、異年齢集団が形成できないために、伝承の機会も失われ、子どもたちは遊ぶ術を知らないという現状があります。かつて子どもたちは、自分たちの力で遊びを創りあげ、伝えてきたのですが、環境の変化によるハザードの防止のためにも、現代社会においては、適切なおとなの支援が必要となるのかもしれません。

プレーリーダーの役割

　冒険遊び場は、住民と行政が協働して創られたものであり、そこには、プレーリーダーと呼ばれるおとなが常駐しています。プレーリーダーは、遊びの指導をするのではなく、単に危険性の排除のために管理をする者でもなく、子どもに寄り添い、ともに活動することによって、遊びの幅を広げ、質を高める役割を担っています。すなわち、子どもの成長発達に直接かかわっていくことのできるおとなであるといってよいでしょう。そういう意味では、子どもの文化や教育・保育を学んだ人はもちろん、ソーシャルワークやカウンセリングの知識や技術をもつ人が、プレーリーダーの適任者であるといえます。また、子ど

もと、家庭や学校を結ぶ、地域のコーディネーターとしての活躍も、プレーリーダーには期待されるところです。

🍎 これからの遊び支援

現代の子どもの遊びをめぐる危機的状況は深刻です。十分な遊びを体験せずに育った子どもたちが大きくなり、人間関係の築き方もわからず、社会に適応できなくて右往左往しているのです。私たちおとなが、子どもの遊びが発達の源泉であることを再認識して、活動を起こしていかなければならないときであるといえるでしょう。

近年、地域福祉の視点からも、子どもの遊び場を考える動きが現れているのは望ましいことです。公民協働の遊び場づくりは、子育て支援活動の核となるものとしても高く評価できます。地域で子どもを育てるという認識を具現化していく第一歩として、子どもの目線で、子どもの感覚で、自由で楽しい遊びを保障していくことが大切であるといえます。

3. 遊びを豊かにする遊具と玩具

子どもの主体的な活動である遊びを展開させるために用いる道具を、玩具・遊具と呼んでいますが、実際にはそれらは教材や運動具・楽器の類のみならず、日常生活における実用品などにもおよんでいます。ここでは、少し範囲を狭めて、子どもの遊び道具として意図的に作られたものを中心として考えてみましょう。

① 玩具

🍎 玩具とは

玩具という語は、江戸時代までは「翫弄之物(がんろう)」「玩物」などといわれていましたが、明治30年代に「玩具」として定着したといわれています。また、おもちゃは、室町時代のいわゆる女房ことばで、「もて(ち)あそび」が語源であるとされていますが、江戸時代には、「手遊び」「持ち遊び」といわれていたものが、

やはり明治30年代に「おもちゃ」といわれ始めたようです。

玩具とおもちゃは、漢語とやまとことばという違いはありますが、同義の語として現在も用いられています。いずれにしても、「手に持って遊ぶもの」という意味が含まれていると考えてよいでしょう。

🌰 玩具の意義と選択

玩具は、子どもの遊びを豊かにする道具です。優れた玩具は、子どもの想像力や創造力を養い、芸術的情操を豊かに育むことができます。しかしながら、玩具自体にそのような力が備わっているのかというと、必ずしもそうではありません。子どもと玩具の仲立ちとなり、手渡し、遊ぶおとなの存在こそが、玩具の教育力を引き出すといっても過言ではないと考えられます。

すなわち、一人ひとりの子どもには、その発達段階や興味・関心に合わせて、玩具に出合う適切な時期があります。遊びをひろげていくための援助などの諸条件も含めて、子どもの身近にいるおとなが十分に考え実行できたときに、初めて玩具の教育性が発揮されるのだといえるでしょう。

けれども、教育性というと、おとなは、知的玩具にばかり目がいきがちになることも、現代の風潮としてあります。また、近年、玩具が精巧化し、高額化していく傾向にあるようです。ままごとをはじめとするごっこ遊びの玩具ひとつをとってみても、実物そっくりのデザインや機能を備えたものが少なくありません。それらは、おとなが、ミニチュアの家具や道具を好む感覚で選択しているのではないでしょうか。子どもは、木の葉を皿や茶碗にしたり、何の飾りもない直方体の木材を冷蔵庫に見立てることができます。そのような豊かな想像力を、実物そっくりの玩具が阻んでしまう可能性のあることを、私たちは知っておかねばなりません。

また、前述したように、精巧な玩具は、壊れたときに家庭で簡単に修理ができません。玩具店や電気店のアフターサービスを利用することになるのですが、いわゆるキャラクターものの人気の移り変わりは早く、修理に時間がかかりすぎると、子どもがすでにその玩具に興味を失ってしまっているなどということも起こりうるのです。

安全性と耐久性は、玩具選択の必要条件です。年長幼児や低学年の児童が夢

中になるこま回しも、同じ空間にいる年少幼児にとっては、凶器になってしまうことがあります。子どもが、安全に遊べる環境を整えることも、玩具を用いる際には重要なことであるといえます。

また、玩具には、子どもの社会性を育む力があります。最近の機械化されたゲーム玩具のように、個人の世界に閉じこもり、架空の仲間との交流しかない遊びは、子どもが、その後の人間関係を円滑に結んでいくための大きな障害となるに違いありません。幼児期には、おとなと子どものみならず、当然のことながら、子どもと子どもの仲立ちとなる玩具が必要であり、そういったことを可能にする玩具こそすぐれた玩具であるといえます。そのほか、この時期に、玩具をとおして後片づけのルールなどを学ぶことも、子どもにとっては大切なことです。

🍎 手づくりの玩具

さらに、玩具は、児童文化財のなかでも、手づくりしやすいものであるといえます。身近なリサイクル品などで作ることのできる簡単なものから、特殊な素材を駆使した精巧なものまで、工夫次第でさまざまな玩具を手づくりすることができます。また、子ども自身が手づくりし、その過程とできあがった作品を楽しむこと、おとなが子どものために愛情をこめて手づくりし手渡すこと、そして、おとなと子どもが共に創作するなかでコミュニケーションを図ることなど、いずれをとっても、手づくりの玩具が子どもたちに与える影響は大きいといえるでしょう。

とりわけ両者が共に玩具の製作に取り組む場合には、世代を超えて、伝承的な玩具やそれにともなう遊びが伝達される機会も多くなります。多数の市販玩具が氾濫している現代ですが、それらのなかから、子どもの発達や興味・関心に即した適切な玩具が選択されることとともに、手づくりの玩具の持つ重要性や、既製玩具・手づくり玩具にかかわらず、地域性・時代性のある玩具などを伝承していくことの大切さを、考慮していかなければなりません。

② 遊具

遊具とは

　広い意味では、玩具を含んだ子どもの遊び道具の総称として、遊具ということばが用いられています。また、手に持って運べる程度の大きさのものを玩具と呼び、それ以外の特に大型のものを遊具と呼ぶこともしばしばあります。しかし、その境界は曖昧であり、さらには、運動具や教具とも区別の難しい場合があります。ここでは、遊具について、玩具以外の比較的大型の遊び道具として考えてみましょう。

遊具の種類

　遊具の種類としては、使う場所によって分ける方法があります。例えば、家庭でしばしば用いられるものには、三輪車、乗用自動車、木製・紙製・プラスチック製などの組み立て式ジャングルジム、木馬などがあります。保育施設や教育施設で活用されるものには、ブランコ、すべり台、ジャングルジム、鉄棒やトランポリン、大型積み木などがあり、それらには、子どもたちの発達を考慮した機能性やデザインが重視されます。また、木材やロープ、古タイヤなどを利用して、空間の大きさや子どもの年齢、発達段階に合わせて、独自のものが製作されることもあります。

　児童館や公園など、地域におけるさまざまな施設にも遊具は設置されています。これらは、保育所・幼稚園・学校などがほとんどですが、不特定多数の子どもを対象として設置されるものであるため、内容の吟味がおろそかになり、安易に取り入れられているような状況がしばしば見られます。

　遊具も玩具と同じように、子どもの遊びの展開を活性化させ、子ども同士のコミュニケーションを深め、その心身の発達を助けるといった役割を備えています。遊具には、特に、全身を使って遊ぶことのできるものが多く、子どもの体力・身体機能の低下が指摘されている現代においては、重要なものであると考えられます。また、多人数で遊べるものは、子どもにとって、社会性を学ぶための一助となるものであり、そこからダイナミックな遊びが展開されるのだ

といえます。

🍎 遊具と安全性

　幼児期に必要な人と人とのかかわりは、遊びをとおして身につくことが多く、豊かな遊び体験は、良質の玩具や遊具によって培われるといえます。遊びが固定化することなく、子どもの自由な想像力によって無限の広がりを見せるような機能や構造を持つ遊具が求められます。保育の現場では、固定遊具に加えて可動遊具を適切に配置し、遊びのバリエーションを広げていくことも必要であるといえるでしょう。

　また、玩具に比べて危険性も高くなるので、安全面には十分な配慮がなされなければなりません。以前は楽しく活用できていた遊具も、近年、子どもの運動機能の低下により、使いこなせなくなったようなものや、箱型ブランコのように構造上の欠陥が指摘されるものもあります。特に、大勢の子どもたちが共有する保育・学校現場や公園等の遊具については、定期的な点検を徹底するなど、安全管理が最重要事項であると考えられます。

【参考文献】
遊びの価値と安全を考える会編『もっと自由な遊び場を』1998　大月書店
川北典子編著『子どもの育ちを支える児童文化』2015　あいり出版
仙田満『子どもとあそび―環境建築家の眼―』1992　岩波書店
永田桂子『よい「おもちゃ」とはどんなもの？』2007　チャイルド本社
羽根木プレーパークの会編『冒険遊び場がやってきた！』1987　晶文社
藤本浩之輔『子どもの遊び空間』1974　日本放送出版協会

　　　　　　　　　　　　　　　　　　　　　　　　　　　　（川北典子）

11
子どもの居場所としての児童文化施設

　児童文化施設は、児童福祉施設や社会教育施設のように、法的に定義づけられたものではありませんが、子どもに関連する施設で児童文化と無縁なものはないという意味では、すべての児童施設がこれに該当するといえます。ただし、大きく分ければ、特定の子どもを対象とする学校（幼稚園、小学校、中学校）や児童厚生施設以外の児童福祉施設のような閉鎖型の施設と、不特定多数の子どもを対象とする下記のような開放型の施設とが挙げられます。おおむね児童文化施設と呼べるものは、開放型施設であるといってよいでしょう。
- 社会教育施設と呼ばれる児童図書館、博物館、少年自然の家、公民館、児童文化センターなど
- 児童福祉施設のうち児童厚生施設。すなわち、こどもの国やこどもの城を含む児童館および児童遊園
- 公園施設など
- その他、動物園や水族館など

　上記のいずれの施設についても、児童文化との関連については、深く考察していかなければならないのですが、ここでは、特に開放型施設のなかから、現代および今後の子どもの居場所として大きな役割を担うであろう児童館、児童図書館、子ども文庫、児童博物館の4施設について詳細を見ていきます。

1. 児童館

① 児童館の定義と種類

　日本の児童館活動の原型は、セツルメントの児童クラブにあるといわれています。セツルメントは明治末期に始まり、大正・昭和にかけて主として都市部で発達してきた活動です。宗教家や学生が、支援を必要とする子どもや家庭に対して、教育・保育・医療等の相談を受けたり直接的援助活動をおこなってきたものです。

　1948（昭和23）年の児童福祉法施行によって、児童館は、その第40条に定められた「児童に健全な遊びを与えて、その健康を増進し、又は情操を豊かにすることを目的とする」児童福祉施設として、社会的にも認知されるようになりました。そして、都市化の進行にともない、地域の遊び場が減少していく危機感を受けて、厚生省（現厚生労働省）が、1963（昭和38）年以降、児童厚生施設（屋内型の児童館および屋外型の児童遊園）の設置に対して、国庫補助をおこなったことが、児童館の発展に大きな影響を与えました。現在では全国で約4300館あり、そのほとんどは公立ですが、指定管理者制度の導入により、社会福祉法人やNPO法人、株式会社の運営によるものもみられます。

　児童館は、その規模や機能によって、次のように分類されます。

・小型児童館……小地域を単位として設置されています。主に小学校低学年までの身近な遊び場として利用されていますが、近年では、地域子育て支援事業や放課後児童健全育成事業（放課後児童クラブ）としても活用されています。集会室、遊戯室、図書室、事務執行に必要な設備、および必要に応じて、相談室、創作活動室、静養室等を備えています。

・児童センター……小型児童館の活動に加えて、運動や遊びをとおして体力増進を図る役割があります。特に、大型児童センターは、必要に応じて、スタジオやトレーニング室、小ホール等を設置し、中高生をも対象とした年長児向けプログラムを実施しています。

・大型児童館……A型・B型・C型のうち、A型児童館は、児童センターの機能に加えて、市町村の小型児童館の連絡調整等の中心となる役割を担っていま

す。B型児童館では、豊かな自然環境に恵まれた一定の地域内に設置され、子どもが宿泊しながら自然を活かした遊びや活動を行うことができます。また、C型児童館は、唯一の国立児童館（公益財団法人児童育成協会が委託運営する「こどもの城」東京都渋谷区）で、子どもの多様なニーズに応えることのできる総合的な文化施設でしたが、2015（平成27）年3月末をもって閉館してしまったのは、たいへん残念なことであるといえるでしょう。

　こどもの城は、1985（昭和60）年11月に、国際児童年を記念して開設されました。以来29年間、子どもやその家族に対して多様な遊びのプログラムを提供し、来館者は2800万人を超えています。①先駆的なプログラム開発　②プログラムの全国への普及と人材育成　③子育て支援の取り組み　を三つの大きな役割とし、開発プログラム→612タイトル・約3500プログラム、講師派遣→3418件、専門家講習→348件・21174人、ボランティア養成→2797人、という実績からみても、いかに全国の児童館の中枢的役割を果たしてきたかが推察されます。しかし、2012（平成24）年、厚生労働省は、施設の老朽化や子どもをめぐる社会状況の変化などを理由に、閉館を決定しました。存続要望の声も多くあがるなか、閉館は現実のものとなってしまいましたが、施設内の青山劇場・青山円形劇場の稼働率の高さや同館の人材育成研修システムの確かさ、開発された遊びプログラムの豊かさを、私たちは何らかのかたちで引き継いでいく努力をしなければなりません。

② 児童館の機能と目的

　これらの施設の共通機能および設置目的は、以下のようになっています。
- 健全な遊びをとおしての、児童の集団および個別指導
- 母親クラブ、子ども会等の地域組織活動の育成および指導
- その他、地域における児童健全育成に必要な活動

　個別の機能としては、児童センターでは体力増進活動、大型児童センターになると体力増進活動および年長児童の育成などが挙げられます。さらに、それらに加えて、大型児童館では次のような機能も備えています。
- 市町村の児童厚生施設の相互の情報交換の促進、指導ならびに児童の遊びを指導する者およびボランティアの育成、プレイ・造形等に関する指導技

術の開発・普及、歴史・産業・文化等に関する資料や模型の展示等
・市町村の児童厚生施設に貸し出しできる映画フイルム・ビデオソフト・紙芝居等資料の保有および巡回公演

　これらの機能から考えると、児童館は、地域に密着した施設であり、子どもたちの健全育成に大きな役割を担っていることがわかります。特に、近年では、小学校高学年や中学生のみならず、高校生にいたるまでの年長の子どもたちの居場所としても、児童館の活性化が求められており、コンピュータールームや音楽スタジオ、オーディオルームの設置や、開館時間の延長（夜間開館）などの試みがなされているところも見られるようになりました。

　児童館の職員は、専門職である「児童の遊びを指導する者（旧児童厚生員）」や保育士が中心ですが、なかには、児童館を利用していた高校生が大学生となり、ボランティアスタッフとして運営に携わり、年少の子どもたちの遊びを支援しているといった例も報告されています。

　いうまでもなく児童館は、異年齢の子どもたちが集い、交流できる場です。近年、保育所や幼稚園・小学校以外での異年齢児の交流の場が極度に減少していることを考えれば、年齢はもちろん、ときには学区を越えて、多くの子どもが集うことのできる地域の遊び場として、児童館の果たす役割は大きいといえます。

〔事例：滋賀県守山市大型児童センターの活動〕

　滋賀県守山市の通称ほほえみセンターは、県下で唯一の大型児童センターとして、2002（平成14）年4月に開設されました。2008（平成20）年からは、指定管理者として市内の社会福祉法人が運営管理しています。守山市の人口は約8万人。全国でも数少ない人口増加地域であり、なかでも乳幼児をもつ家族の転入が多いため、行政も子育て支援や教育に力を入れています。

　時代や地域住民のニーズに応じて、近年は、乳幼児の親子支援プログラムに力を入れてはいますが、0歳から18歳までのすべての子どもが自由に安心して遊ぶことのできる施設であるという本来の目的に鑑み、小中学生の居場所としての役割も重視し運営されています。時間帯によって利用者の年齢層を配慮したプログラムをうまく組み合わせ、参加者のニーズに応じたイベントを実施するなど、年間計画のなかでさまざまな工夫を凝らしており、2013年度には年間

図1　守山市大型児童センター（親子支援イベント）

利用者数がのべ38000人にもおよびました。

　保護者が特技を活かして講座の講師として活躍したり、高校生や大学生がイベントの主催者として携わったりと、開館20年を経て地域に根ざした児童館として定着しつつあります。また、同館の運営委員会は、市内の幼稚園・保育園長、小中学校長や、主任児童委員、子ども会連合会役員などで組織され、児童館の利用状況はもとより地域の子どもをめぐる問題の情報交換などによって連携を図っています。

（川北典子）

2. 子ども文庫

① 子ども文庫とは

　子ども文庫とは『新・子どもの本と読書の事典』（ポプラ社2004）によると「民間の個人やグループが、自宅や地域の施設で、こどもを対象として、図書の閲覧や貸出し、お話会や読み聞かせなどを行う私設の図書館のことである。」と記されています。一般に個人が自宅の一部を開放して行うものを「家庭文庫」、自治会・婦人会・PTAなどの集団が公民館や集会所など地域の施設を利用して行うものを「地域文庫」と称しています。実際の子ども文庫を概観すると、子ど

も達のために本を収集・提供し、子どもと本とを結ぶ場である以外に、季節にまつわる行事の開催や「科学遊び」、人形劇鑑賞など多様な活動が見られます。

② 子ども文庫の歴史

子ども文庫という語が、いつから地域の子どもに本を貸し出す私設図書館を意味するものとして定着したのか、正確な年代は不明です。子ども文庫の始まりは、1906（明治39）年に東京で児童文学者の竹貫佳水によって開設された「竹貫少年図書館」と言われています。しかし、この施設は、東京市日比谷図書館児童室開設の前提となり、現在における子ども文庫の定義とは異なります。子ども文庫が飛躍的に増加するのは、第二次世界大戦後の1960年代から1980年代です。増加の理由は以下のことがあげられます。第一に1955（昭和30）年前後に「子どもの手近に良い本を」を標語として、悪書追放運動が高まりをみせたこと、第二に娯楽マンガやテレビの影響による子どもの文化的環境の悪化をおとなが危惧したこと、第三に公共図書館が未整備な段階にあり、子ども達の読書環境が整っていなかったこと、第四に1950（昭和25）年に公布された図書館法第29条に「図書館と同種の施設は何人もこれを設置することができる」とあり、児童文学者の石井桃子による「かつら文庫」の記録『子どもの図書館』（岩波書店1965）に影響を受けた文庫活動者がいたことなどがあげられます。これらのことから、子ども文庫は、子どもの読書環境を整えるために始まった活動であるということができます。

子ども文庫の活動は、全国的に広がり、日本図書館協会の「全国子ども文庫調査報告書」によると、1958（昭和33）年に60文庫だったものが1980（昭和55）年には4406文庫に増え、多くの子ども達が子ども文庫に集ったことが報告されています。

③ 1960年代〜1980年代の子ども文庫の実際
　　　──愛知県の事例

子ども文庫が、全盛期であった1960年代から1980年代に活動していた愛知県の文庫活動について聞き取り調査をしたところ、活動内容は以下のことがあげられました。

子ども自らが本を読む・本の貸出、読書会、工作、キャンプ、屋外での遊び（キャンプを除く）、科学遊び、クリスマス会・夏祭りなどの行事、映画や人形劇などの鑑賞、子ども自身が紙芝居や人形劇を演じる
　このように活動内容は、間接体験である読書に限らず、科学遊びや工作、キャンプなどの野外での直接体験の活動、子どもの自主性・自発性を促す活動が見られます。さらに、地域活動として根付いており、運営者や子ども文庫の活動に携わる世話人とよばれる地域住民のおとな達がかかわり、子ども達は、異年齢の集団が集いました。子ども文庫に通ったことのある子どもに話を聞いたところ、学校での友達以外に異年齢の友達に出会えておもしろかったことや親以外のおとなとの交流があり、薦めてくれる本のことや生活にかかわるアドバイス等、素直におとなの言うことが聞けたといいます。
　子ども文庫の活動は、子どもの生活と読書を結びつけました。子ども達は、直接体験によって生活経験を豊かにしながら間接体験である読書を豊かなものにしていたといえます。つまり、それぞれの子どもが、実体験のイメージを背景に独自に本の世界を創造し、読み取り楽しむのです。

④ 子どもの読書環境

　子ども文庫活動が活発になり、たくさんの子どもが通うようになると、児童書や活動の場所が不足してきます。個人の活動では、運営を継続していくことが厳しくなっていき、子ども文庫活動は、図書館運動へと発展していきました。公共図書館が設立され、子どもの読書環境は充実していきました。しかし、1990年代になると、子ども文庫に来る子どもが減り、文庫数も減少していきます。子どもの読書離れが言われるようになり、2001（平成13）年には、「子どもの読書活動の推進に関する法律」が制定されるまでになります。読書環境が整っているにもかかわらず、なぜ、子どもは本を読まなくなってしまったのか、その理由は、子どもの生活環境が変化してきたことによると思われます。子どもを取り巻く環境は、自然が失われていき、自然の中で体験する活動が少なくなっていきます。人とのかかわりが希薄になり、コミュニケーション能力の低下もいわれるようになりました。テレビをはじめとする映像文化、電子機器に囲まれた生活中心に変化していきました。このような文化環境は、子どもが五感を働

かせ、能動的にかかわることを必要としません。他方、読書は、文字や絵で構成された本を能動的にかかわることによって楽しむ世界です。実体験が豊かであればあるほど、文字で書かれた言葉の意味を読み取ることができ、物語世界を十分に体験することができます。

　実体験に基づいて読書をする環境が消滅していくなか、子ども達のまわりに本を揃えたところで手に取ることはなくなってしまったといえます。もはや、本の冊数や子ども文庫の数が問題なのではなく、質が問われる時代へと変化してきているといえます。

⑤ 子ども文庫の今後の課題――子どもの居場所として

　子ども文庫は「草の根の活動」とも言われ、これまでも地域に根付いた活動として子ども達の生活体験や読書を支えてきました。そして、子どもの読書活動を豊かにするためには、子ども自身の生活経験を豊かにすることが大切であることが、子ども文庫活動の実践を通して確認されました。

　今後の課題は、子どもを取り巻く環境を見据え、子ども文庫の再構築を図ることであるといえます。それには、子どもが人とかかわる体験を重ね、五感を働かせながら実生活・直接体験を豊かにすることができる子ども文庫が求められます。

　2011（平成23）年に東日本を襲った大震災は、被災地の子ども達の心に大きな傷を残しました。そのようななか、子ども文庫は、本を通じて人と人とが出会う場所として大きな役割を果たし、子ども達の生きる力を育んでいます。

　一例として、震災直後、版画家蟹江杏によって「被災地の子ども達に絵本と画材を送ろう」と呼びかけて始まった「NPO法人3.11　こども文庫」があげられます。この団体は、「子ども×アート」をテーマに支援活動をしており、その活動の中のひとつに、「3.11こども文庫"にじ"」があります。世界から絵本や児童書が寄贈され、木のぬくもりが感じられる建物で、小さい子どもからおとなまでの異年齢集団が集える施設として活動されています。活動内容は、本の貸し出しだけではなく、子ども達が能動的にかかわれる絵画などの芸術活動もとりいれ、居場所としても機能しています。

　他方、子ども文庫活動を続けて何十年という活動歴の長い文庫もあります。そ

の中のひとつに、1980（昭和55）年に創立された京都市左京区の「子ども文庫やかまし村」があります。本の貸し出しはもちろんのこと、設立して10年後に始まった子どもが主体となって企画・準備・実行する「おもしろクラブ」は、現在でも続けられている活動です。お楽しみ会、キャンプ、遠足、読書会等「子どもたちがやりたいこと」が尊重され、子ども達の中で自発的にリーダが継承されています。地域のおとなに見守られながら異年齢集団の子ども達が集い、文化を継承していく様子がみられます。

　このように子ども文庫は、子どもの育ちを支える施設として大きな可能性を持っています。地域の中でそれぞれの特色を生かしながら、子どもの体験を豊かに育む質の高い子ども文庫が今後望まれるといえるでしょう。

【参考文献】
黒澤浩他編著『新・子どもの本と読書の事典』2004　ポプラ社
全国子ども文庫調査実行委員会編「子どもの豊かさを求めて」全国子ども文庫調査報告書3　1995　日本図書館協会
子どもBUNKOプロジェクト編「子どもBUNKOプロジェクト」2006　伊藤忠記念財団
浜崎由紀「愛知県における読書活動の展開――1960年代から1980年代の子ども文庫活動者を中心に」『研究「子どもと文化」』第11号　2011
京都家庭文庫地域文庫連絡会　40周年記念事業実行委員会「アンダンテ2」2014
NPO法人3.11こども文庫　http://www.311bunko.com/

（浜崎由紀）

3. 児童図書館（児童室・児童コーナー）

① 児童図書館とは

　児童図書館とは、子どもに対する図書館奉仕のための施設・機能の総称です。利用対象を特に児童（子ども）とし、資料と情報を提供していますが、それらの子どもに対する情報提供、読書活動を「児童サービス」といいます。
　児童図書館や児童コーナー、児童室は増えてきており、児童サービスも積極的に行われてきていますが、その過程には石井桃子の『子どもの図書館』（岩波書店1965）の出版の影響と「子どもの読書活動の推進に関する法律」が2001（平成13）年に公布されたことが大きくかかわっています。『子どもの図書館』は、石

井桃子が始めた「かつら文庫」に集まってきた子どもたちが本とどのようにかかわっているのか、子どもが本を楽しみ、おとながどのように本を手渡しているか等が書かれています。この本のなかで、石井は、公共図書館での児童サービスの充実と優秀な児童図書館員の養成を提言しました。すなわち、家庭文庫の増加が子どもへの読書を広く勧めることとなり、読書環境を充実させるために、公共図書館建設の社会運動へと発展してきたのです。

その後2001（平成13）年の「子どもの読書活動の推進に関する法律」の公布により、自治体ごとに子どもの読書活動推進計画が答申され、子どもへの読書活動の取り組みが積極的に推進されることとなりました。基本計画は5年ごとに更新され、現在第3次基本計画（子どもの読書活動の推進に関する基本的な計画）が実施されています。

② 公共図書館の役割

子どもの読書を推進するためには、子どもと本が出あえる環境をつくることが必要です。そのためには地域の図書館の存在が重要になります。

子どもへの取り組み

たくさんの資料によって読書意欲を高めることはもちろんですが、子ども向けのイベントなどによって、初めてお話の世界を知ることができたり、苦手だった分野の本に興味を持ったりすることができます。どんな本があるのか、どんな本を読めばいいのかなどの手がかりとしては、図書館でのおすすめの本の展示やリスト作成などをおこなっています。

学校への取り組み

子どもたちの調べ学習や読書活動を支援するために、テーマをきめて本を選びセット貸しなど学校への協力貸出をおこなうことで、より多くの子どもに本を届けることができます。また、学校へ出かけて読み聞かせ、ブックトーク、ストーリーテリングをおこなうことで、身近に図書館がない地域や、図書館へ行ったことがない子どもたちに本への興味を持ってもらうことができます。

❧ 親子読書への取り組み

　子どもだけが本を読むのではなく、親子で読書をすることが読書習慣の定着につながります。そのためには親子での図書館利用を勧めることが必要です。保健所では乳幼児から読書支援を推進していて、図書館でも関係機関との連携をおこなっています。赤ちゃんを対象にしたイベントも行われ、子育て中の保護者への読書案内やリストの作成から、赤ちゃんと絵本の楽しみ方の実演、保育士による子育て相談など子育てを支援しています。特に最近では、育児中に孤立化してしまう若い世代に、図書館は交流の場の提供と支援の身近な施設であると認識してもらう活動をしています。

③ 公共図書館の児童サービス

　公共図書館は赤ちゃんから高年齢まで幅広い年代の人が利用する施設です。その中で子どもを対象とする図書館には以下の構成要素が必要です。

❧ 子どものための環境づくり

　子どもが書架から本を探すためには書棚のレイアウトや高さに注意が必要です。子どもの視線に興味のある本を配架し、読みたい本に辿りつくための工夫をします。安全管理は最も重要で、書棚の角が目に入る位置では困ります。安全ガードを施し、少しの段差で事故がないように注意を払います。書棚の周りでの転倒、閲覧机に頭をぶつける、書棚の仕切り版で手を切るなど、危険と認識されるものにはできる限りの対策を必要とします。近年では、授乳室の設置や多目的トイレの整備、チャイルドシートのあるトイレ、おむつ替え用ベッドの設置、児童コーナーに防音効果のある仕切り板などの設置等、幼い子が図書館に行きやすい環境が整えられるようになってきています。

❧ 子どもにふさわしい蔵書構成

　子どもの発達段階に応じた図書資料について、質量ともに充分な所蔵をはかることが求められています。「ブックスタート」運動が自治体などで行われるようになってからは、赤ちゃんを対象とした読書活動にも関心がもたれ、家庭や

保育所、幼稚園、公共図書館での絵本の読み聞かせが読書への準備期間として位置づけられました。赤ちゃんのための絵本からヤングアダルトまで幅広い読者層を設定した蔵書を必要としています。

- 児童図書館員

赤ちゃんから思春期を迎えた子どもにまで対応するため、職員は図書の知識を備えることに加えて、子どもの信頼を得る資質が必要です。子どもの読みたい意欲を引き出す能力、子どもの説明をじっくり聞いて思いどおりの本を探す能力、子どもとの会話の能力などのコミュニケーションの技能が備わった人が求められています。宿題支援や読書相談なども子どもとのかかわりの中で成立していく仕事です。資料に対する知識だけでは子どもの要求に応えることができないため、子どもの実態を知る努力も必要とされています。

④ 子どもと本を結びつける活動

児童図書室では、子どもたちにふさわしい本を選書し、書棚に並べ、どんな本があるのかをアピールして、子どもたちに本への興味をもってもらうことを必要としています。そのために、お話し会の開催やブックトーク、科学遊び・実験教室などの集会活動を行っています。また、図書館の仕組みを理解してもらうための見学会や、ブックリストの作成、パスファインダーの作成（調べ学習の手引き）なども本と子どもを結びつけていく方法です。

〔「赤ちゃんへのお話し会」の場合〕
時間：30分程度
目的：絵本を介して赤ちゃんにあたたかい声をかけ、赤ちゃんと向きあう。赤ちゃんとスキンシップを十分におこなう。絵本と楽しい時間を過ごす。赤ちゃん絵本を保護者に紹介する。
内容：絵本の読み聞かせ
「ぴょーん」まつおかたつひで　ポプラ社　2000
「いないいないばあ」松谷みよ子　童心社　1967
「だるまさんが」かがくいひろし　ブロンズ新社　2008

図1　赤ちゃんタイム

＊体をさわったり、うごかしたりしながら読みます
　　手遊び
　　　　♪とんとんとんとんひげじいさん
　　　　　＊赤ちゃんの手を歌に合わせて動かします
　　絵本の読み聞かせ
　　　　「くだもの」平山和子　福音館書店　1979
　　　　「まるくておいしいよ」こにしえいこ　福音館書店　1996
　　手遊び
　　　　♪ぱんぱんぱんやさんにおかいもの
　　　　　＊赤ちゃんの顔や、体を歌に合わせてさわっていきます
　　絵本の読み聞かせ
　　　　「ばいばい」まついのりこ　偕成社　1983
　注意点：赤ちゃんが絵本に集中できる時間は短いことを理解して構成していきます。

今後の課題

児童図書室が地域の子どもたちの居場所として来館しやすい空間であること

が望まれます。図書館は不特定多数の人の集うところではありますが、例えば、子どもが騒いでも音が響かない構造であるなど、親子が気兼ねなく過ごせる空間をつくる配慮が必要です。

【参考文献】
金沢みどり『児童サービス論』2006　学文社
汐崎順子『児童サービスの歴史』2007　創元社

(山田千都留)

4. 児童博物館

　近年、各地で博物館の建設が相次ぎ、その内容も多様化を極めています。いわゆる村おこし、町おこしの一環として、若年人口流出の歯止めや地場産業見直しとのかかわりのなかで計画されたもの、企業が主体となったテーマ・パーク的なもの、自然や環境をテーマにした生涯学習的な意味あいをもつもの等々、設立の契機や目的はさまざまですが、それらの博物館のなかには、「子どもを」対象としている、あるいは「子どもも」対象としているものが数多く見られるようになりました。すでに欧米で開設されている「子どもの博物館(Children's Museum)」に刺激を受け、現代の子どもをとりまく文化的・教育的・社会的環境を考えていくなかで、それらの必要性を感じ、設立に取り組む市民の活動も注目されています。ただし、概観すれば、日本における「子どもの博物館」に対する理解度はまだまだ低く、個々の運営団体が、欧米での活動を参考にしながら、独自に取り組みを進めていくしかないのが現状だともいえます。

① 児童博物館の設立

　世界の児童博物館の歴史は、120年近く前にさかのぼります。アメリカのニューヨーク、ブルックリンで開設されたのが、1899 (明治32) 年のことでした。もちろん、それまでにも、おとなとともに子どもも利用できる博物館は数多く存在したのですが、子どものための独立した博物館は、これが最初であるといわれています。

　「ブルックリン子どもの博物館(The Brooklyn Children's Museum)」設立計画は、

ブルックリン芸術科学研究所の移転にともなう所蔵品整理によって生まれました。子どもの好奇心を刺激し満足させることを目的として開設され、後に全米で約300館にもなった「子どもの博物館」の基礎を築いたとも考えられます。現在では、アメリカの主要都市では必ず見ることのできる児童博物館ですが、それらが次々と開設された背景には、当時、ジョン・デューイやマリア・モンテッソーリの理論が認識されたことも大きく影響しています。つまり、子どもの自発的な探究心を重視し、子どもの目線を中心とした施設が求められ、建設されたのです。日本では明治期の終わり、子どものための文学や絵本、口演童話や演劇などについて、ようやく子どもというものの本質が捉えられ、その文化的環境を整えていこうという視点が生まれた時期のことでした。

② 参加体験型の博物館

ところで、現在の児童博物館は、参加体験型 (hands-on) が中心になっていますが、その改革をもたらす契機となったのが、子どもたちが実際に体験することの意義を説いたジャン・ピアジェの児童発達理論であり、それを児童博物館において具現化したのが、1962 (昭和37) 年に「ボストン子どもの博物館」の館長に就任したマイケル・スポックでした。『スポック博士の育児書』を著したベンジャミン・スポックを父に持つマイケル・スポックは、少年時代、いわゆる「難読症児」でしたが、両親の考えにより、参加体験プロジェクトに基づく教育を行っていた小学校で学ぶことによって、それを克服しました。そのような体験と、少年時代のミュージアムへの興味、そして後に大学で学びながらさまざまな職業に就いた体験が、「ボストン子どもの博物館」の大改革を実行せしめたといわれています。

それによって、資料展示とその研究を主としていた従来の博物館は、子どもたちの自発的な体験学習を支援していく場として、大きな変革を遂げることになるのです。欧米の児童博物館の多くが、個々に模索しながらも、「ボストン子どもの博物館」に倣った参加体験型へと、内容の転換を図っていきました。

③「ボストン子どもの博物館」と「仏教児童博物館」

「ボストン子どもの博物館」は、1913 (大正2) 年に、ボストン市周辺におけ

る子どもたちの科学思想の発達を援助するという目的で、科学分野の大学教授グループによって設立されました。当初は、住宅街の一角に建設された大邸宅風の建物でしたが、1979（昭和54）年に、ボストン埠頭の再開発地域に移転、展示スペースだけでも全米第2位の規模となりました。開館当時は、生物や鉱物の展示と自然科学に関する活動を主としていましたが、日本の幼児教育の発展に大きな功績をもつ倉橋惣三は、この「ボストン子どもの博物館」を訪れた感想を、次のように述べていたといいます。

　殊にボストンにある児童博物館の活きた働きの如きは、実に羨望にたえないものである。私はこの児童博物館から年々美しい年報を送られているが、それを見る毎に、あの森の多い、池の広いアルステッドの公園を背景として、真に我等の博物館に集る少年少女達の幸福に輝く顔を思い出さずにはいられない（注1）。

そして、倉橋の「ボストン子どもの博物館」への感慨は、「わが国の少年少女達の為にも、こうした社会的施設を与えたい」と結ばれています。

さて、「ボストン子どもの博物館」の設立から約10年の後に、それらの活動に感銘を受けた龍谷大学教授中井玄道によって、「財団法人　仏教児童博物館」が京都に開設されました。仏教思想の啓蒙を設立目的のひとつとして掲げてはいるものの、おそらく日本における最初の児童博物館であったと思われます。しかも、資料の蒐集・展示を目的とした従来の博物館ではなく、市民の社会教育の場として、また子どものためには学校教育の補助機関として捉えようとする姿勢は、近年の博物館に対する考え方により近いものであったといえます。

④ 今後の児童博物館

今日、日本においても、子どものための博物館建設について、ようやく話題にのぼるようになってきましたが、それらは、やはり、欧米の児童博物館に刺激を受けたものがほとんどであると思われます。確かに、欧米の児童博物館に学ぶところは多いのですが、しかしながら、今後、日本において、日本の子どもたちのための博物館建設を考えていくならば、現状に合わせた独自のものと

して考えていくことも必要となるでしょう。

　目黒実は、児童博物館設立の必要条件として、①地域の子どもたちのものであること　②ソフト先行であること　③展示方法に優れ、魅力的であること　④ワークショップのプログラムと専門のスタッフが充実していること　⑤研究機関併設が理想的　⑥参加体験型展示に頼らない　⑦適切なインストラクション　といった7点を挙げています。つまり、利用者としての子どもの現状を適切に把握し、彼らが抱えている興味や課題に、より密接なかたちでかかわっていける施設であることや、規模の大小にかかわらず、地域の特性が活かされることが望ましいことであるといえます。子どもにとって第一に必要なのは、博物館の建物ではなく、あくまでその内容でしょう。ハード面において、行政をはじめとしたいわゆる専門家がかかわっていく場合は、特に、利用者の視線を基本にすえて、さまざまな配慮をしていかなければなりません。児童図書館と同様に、職員の専門性も問われるところであるといえます。

　梅棹忠夫は、博物館を、学校教育にしばしばありがちな「既成の価値体系をおしつけるための」ものではなく、「市民の知性を刺激し、人間精神を挑発することによって、未来の創造に向かわしめるための、刺激と挑発の装置」であると述べています(注2)が、これは、児童博物館の今後を展望するにあたっても、示唆に富んだものとなっています。学校教育と子どもの文化的環境の関係については、さらに検討を深めていく必要がありますが、少なくとも、学校と博物館は、相互に連携し、子どもの生活、そして「生きる力」を、さまざまな角度から支援していくべきでしょう。子どもの「生きる力」は、子どもが自らの頭で考え、自らの足で立つところから生まれます。そして、他者との関係を結んでいくなかで、より豊かに自分自身を表現することによって育まれるのだといえます。

　子どものための博物館は、多くの児童文化財・児童文化施設がそうであるように、決して子どもだけのものではありません。子どもと子どものつながり、子どもとおとなのつながり、さらには、ひととひととのつながりを体験できる場としても、今後の児童博物館に期待されるものは大きくなっています。

【注】
1．棚橋源太郎『眼に訴へる教育機関』1930　宝文館　pp.142-143
2．梅棹忠夫『メディアとしての博物館』1987　平凡社　p.18

【参考文献】
大月浩子『わくわくミュージアム』1994　婦人生活社
川北典子「『財団法人　仏教児童博物館』の研究―その設立と活動について　」1997　子ども社会研究3号　日本子ども社会学会
染川香澄『こどものための博物館』1994　岩波書店
目黒実『チルドレンズ・ミュージアムをつくろう』1996　ブロンズ新社

(川北典子)

12 子育て支援と児童文化

1. 子育て支援の概要

① 国および自治体の子育て支援政策

　「子育て支援」という言葉が、日常的に耳に入るようになって久しくなりました。かつては、「子育てになぜ支援が必要なのか」「若い親を社会が甘やかしているのではないか」などという懐疑的な声もしばしば聞かれました。子育ては親として至極あたりまえの自然な営みであるという思いが頭にある世代にとっては、特にそうなのでしょう。しかし、地域の教育力とともに、育児力もまた、確かな支えがなければどうにもならないほど低下し疲弊していることは、今やまぎれもない事実となっているのです。

　1989（平成元）年に合計特殊出生率が1.57と過去最低となったことが危機感をあおり、政府は少子化対策に本腰を入れて取り組み始めました。1995（平成7）年以降、いわゆる「エンゼルプラン」「新エンゼルプラン」「子ども・子育て応援プラン」等の策定により、子育て支援事業の実施に対して具体的な数値目標が挙げられていくことになります。改正児童福祉法には、次々と新たな保育事業が盛り込まれました。

　その後、2009（平成21）年9月に政権が交代し、2010（平成22）年1月には「子ども・子育てビジョン」が新政府の閣議によって決定されました。ここでは、「子どもが主人公（チルドレン・ファースト）」が明確に示され、子育ては家族や家

庭のみが担うのではなく、社会全体で子育てを支えることを基本理念とし、そのような子どもと子育てを支える社会の実現を目指すことが打ち出されました。それと同時に各関係大臣によって構成された「子ども・子育て新システム検討会議」が発足し、幼保一体化を含む新たな次世代育成のための包括的・一元的なシステムの構築についての検討が始められたのです。

　2011（平成23）年7月には「子ども・子育て新システムに関する中間とりまとめ」が提示されましたが、国、地方公共団体、事業主および利用者の費用負担のあり方、ワーク・ライフ・バランス（仕事と生活の調和）のあり方、国における所管のあり方、国の基準および地方裁量のあり方など、多くの検討課題を残していました。その後、最終的に「子ども・子育て新システムの基本制度について」がまとめられ、少子化対策会議で決定されたのは、2012（平成24）年3月でした。これを受けて3月末には、子ども・子育て新システム関連三法案が、消費税増税法案とともに国会に提出されました。そして、法案には国会で修正が加えられ、総合こども園法案は廃案、認定こども園制度が存続することとなったのですが、同年8月には消費税増税法案と子ども関連三法案が成立し、子ども・子育て支援新制度の開始を迎えました。子ども・子育て支援法では、子育てをめぐる現状に対して、「質の高い幼児期の学校教育、保育の総合的な提供」「保育の量的拡大・確保」とともに、「地域の子ども・子育て支援の充実」がポイントの一つとして挙げられています。

② 子育てをめぐる現状

　現代社会のなかで、子育て中の母親の不安感や孤立感は多大なものであるといわれています。なかでも、保育所を利用している3歳未満児が30％足らずであることから、70％程度の低年齢児は家庭で過ごしているものと考えられますが、この部分の支援のあり方が緊急の課題となっています。核家族化が進み、母親一人に育児の負担がかかり、一日中幼い子どもと向き合って過ごしていることも多く、地域の公園に行って、知らない親子の輪に入れてもらうのも、何となく気が進まないといった母親の姿も見られます。買い物に出ても、小売りの商店を一軒一軒回るよりスーパーマーケットやコンビニエンスストアの方が便利ですが、誰とも話さなくても購入できてしまいます。何かを知りたい時には

コンピューターに向かえば即座に答えは得ることができるのですが、情報量があまりにも多すぎて取捨選択することができなくなってしまいます。結婚や出産前に仕事に生きがいを持っていた人ほど、社会の中での自らの位置を見失い、孤立感を深めていくのです。

　そのような生活では、ストレスばかりが増大し、子育てに楽しさを見出せなくなることも無理はないとさえ思われます。家庭や地域で自然に伝えられてきた育児の文化も継承されにくくなっている現在、子育て中の親子が孤立することなく、多くの人々の支援を得て、子育てに喜びや自信が持てるような地域社会にしていかなければなりません。

③ さまざまな子育て支援事業

　子ども・子育て支援新制度においては、地域子ども・子育て支援事業として13の事業を含んでいますが、主なものを次に挙げます。
・病児病後児保育事業……子どもが発熱など急な病気にかかったときに、病院や保育所などに付設された専用スペースで、保育士や看護師が保育する事業。
・一時預かり事業……緊急・一時的に家庭で保育できない乳幼児を、保育所やその他の施設で預かる事業。保護者のリフレッシュのためでも利用することができます。最近では、身近な子育て広場等で一時預かり保育を実施しているところもあります。
・乳児家庭全戸訪問（こんにちは赤ちゃん）事業……生後4か月までの乳児がいるすべての家庭を訪問し、子育て支援に関する情報提供をするとともに、親子の心身の状況や養育環境を把握し、相談助言を行います。訪問者は、保健師、看護師、保育士、児童委員、民生委員など、自治体によって異なっています。全市町村の92.3％で実施されています。（2011年7月現在）
・地域子育て支援拠点事業……地域子育て支援センターや保育所、子育て広場などで、子育て中の親子の交流や育児相談などを実施しています。

　なお、地域子育て支援拠点事業については、1998（平成10）年の厚生省児童家庭局通知において「地域子育て支援拠点事業実施要綱」が定められましたが、2009（平成21）年には法定化され、児童福祉法上に位置づけられることとなりました。基本事業としては、①交流の場の提供、交流の促進　②子育てに関する

相談・援助　③地域の子育ての関連情報提供　④子育て・子育て支援員に関する講習等の実施を主な内容としています。ひろば型施設は、「常設のひろばを開設し、子育て家庭の親とその子ども（概ね3歳未満の児童及び保護者）が気軽に集い、うち解けた雰囲気の中で語り合い相互に交流を図る場を提供するもの」と定義されています。

　上記のような取り組みのなかで、仕事と子育ての両立を支援するための多様な保育サービスや、特別な支援や保護の必要な子どもと家庭に対する支援事業はもちろんのこと、すべての子育て家庭に対する支援が考えられています。なかには、虐待の予防や早期発見につながるものや、地域住民の連携の強化によって地域づくりにつながっていくことが期待される取り組みもみられるのは心強いことです。

④ 楽しく子育てできる社会の構築

　少子化は日本の将来にとって深刻な問題です。しかし、子どもを国や社会の資源とみなし、そのために出生数を上げなければいけないといった考え方は、子どもの人権や主体性を尊重するものではありません。また、仕事を含めた自己実現のために結婚をしないという選択や、結婚をしても子どもをもたないという選択も、本来は個人の自由であり、社会から批判を受けるようなものではないはずです。けれども、結婚や出産を望んでいるにもかかわらず、それが社会的な要因によって阻害されているような場合には、社会が支援の方法を確立していかなければなりません。また家庭で子どもを育てるにあたって、社会の情勢やライフスタイルの変化などによって子育てが困難な状況があるのであれば、それを取り除いていく方策を自治体や地域で考えなければならないでしょう。

　毎日利用するわけではないけれど、子育てが少しつらいなぁと感じたとき、あそこに行けばホッとできる…そう思える場所が地域に存在するだけでも安心できます。人は、楽しい経験をしたことが、次への意欲になります。そこで、安らぎの時間を得ることができたという体験が、何年か後には次の世代を支える人材になるといったことを期待できるのではないでしょうか。そのような循環型の支援体制が定着していったとき、真の意味での地域子育て支援機能の構築が可能になると考えられます。

さて、そのような親と子、おとなと子どもの出会いの場で、児童文化は、どのように活かされているのでしょう。児童文化は、地域や家庭の育児文化を継承していくうえで大切な役目を担い、また、児童文化財は、人と人とをつなぐものとして活躍します。次節では、地域における取り組みのなかで児童文化が果たす役割を、具体的に見ていきたいと思います。

【参考文献】
内閣府編『少子化社会対策白書』平成26年版
前田正子『みんなでつくる子ども・子育て支援新制度』2014　ミネルヴァ書房

(川北典子)

2. 地域子育て支援と児童文化

① 子育ての文化が消えかかっている

　子育てといえば、抱っこしたりおっぱいを飲ませたり、日々繰り返されることばかりで、どこに難しい課題が潜んでいるのかと思われるでしょう。けれど、赤ちゃんが日々誰に育てられているかを想像する時、子育ての難しさを考えるヒントが見えてきます。

　育てるという行為は、かつては家族全体、地域も巻き込んで行われていたものですが、現代では、同じ家族である父親でさえもが厳しい現状にあります。江戸時代に遡ると、父親が子育てにかかわっていたのは普通のことで、地域の人にも支えられていました。今のような母に重くのしかかった子育てになったのは、大正期になり、豊かな階層で理想の母親像による家族のあり方が示されるようになってからのことです。かつては、授乳でも、母以外の人に頼ることが日常的にありました（乳母による授乳や貰い乳など）が、それ以降、徐々に授乳も母親の乳（母乳）かミルクに限るように変化しました。

　同様の変化は、赤ちゃんの世話にも明確に現れます。開国した日本にやってきた外国人が驚いたものに、赤ちゃんをおんぶしている姿があります。遠くから見ると、体一つに頭二つの化け物に見えたそうです。おんぶされた子どもの頭部が肩越しに見え、頭だけが二つに見えたのでしょう。おんぶは母親だけの

ものではなく、祖父母・兄・姉がおんぶする姿が今から50年余り前の写真でも見受けられます。父母は労働力そのものでしたから、子育てを担ったのは、それ以外の人でした。今では、おんぶはほとんど見かけなくなりました。そして、子育ての責任と負担を母が一人で担うようになり、その負担の重さは相当なものになっています。

　このように時代と共に子育てを誰が担うのかということも変化しています。この変化の中で、親（乳幼児の祖父母）から子（現在子育てをしている父母）へ、子育て文化の継承が上手く繋がらずに消えかけている現状が見えてきました。かつては、赤ちゃんが寝る時には静かに体を揺らしながら子守歌を歌いました。揺れと心地よい歌声が眠りに誘ったものですが、今の母親は、ほとんど子守歌を歌いません。その代りに、バウンサーで寝かすという話もよく聞かれるようになり、最近は電動で揺れるタイプもあるとのことです。寝つきが悪い子を持つ親は大変ですが、今はインターネットで紹介されている商品に頼りがちになっています。先人たちの知恵・知識は、困った時にどうしたら上手く行くのかを伝えており、大事に守り継がれてきたのですが、現在では子育て文化の継承が機能していません。日本に伝わる子育て文化は優れており、子育て支援の中で積極的に伝えていくことが必要だと思われます。

② 子育て期には支援が必要

　子育て支援はなぜ必要なのでしょうか。それは、幼い子どもとの生活では行動範囲が制限され、家の中で孤立する傾向が高いからですが、閉鎖空間からの脱出の機会は赤ちゃんの育ちと共に増えていきます。かつては、路地裏などで群れて遊ぶ中で、小さい子どもの様子を経験として知っている人が多かったようですが、現在では、結婚して子どもを産むまで我が子以外の世話をしたことがないという母親が75％にもなっています。父親が多忙な場合も多く、獲得すべき子育ての知識・技術が多岐にわたり、個人差も大きく戸惑いや不安が生じやすい時期であるからこそ、ケアを必要とする時期の親に向け、意識して地域で母親を見守り、手を差しのべるのが子育て支援なのです。支援と言うと難しそうですが、地域で支援するチャンスはいろいろな時・場所でたくさんあります。例えばスーパーでの買い物で、駅での電車の乗り降りで、小さな手助けを

するだけでも支援になります。大きな声で泣く赤ちゃんを迷惑そうな顔で見るのではなく、赤ちゃんは泣くのが仕事だと暖かく見守ることだけでも、母親に大きな安堵の気持ちをもたらすでしょう。

③ 豊かな文化で豊かな人格形成を

　乳幼児期は子どもの人格育成の基礎を築き、親との絆をつくる大切な時期であると共に、親以外の人とかかわりを持つことも非常に大事な時期なのです。しかし親にとっては、初めての子育ては経験のないことの連続で、周りの人達からの手助け・助言が大きいのです。しかし、周囲から適切にかかわってもらえない場合は不安感が増大します。赤ちゃんの大きな泣き声で近所へ常に引け目を感じている場合、母親が顔を合わせて直接コミュニケーションを取ることに苦手意識が出ることもあるでしょう。そこで、昔から伝わる日本の子育ての知識を知らない親への手立てとして、子育ての共感と喜びを伝えるツールが必要と考え、紙芝居とかるたを考えてみました。

　〔赤ちゃんも好きな紙芝居「こもりうた」〕
　親に向けて子育ての知識を伝える物の筆頭といえば、かつては育児書でした。今はスマホの検索で知るのが一番多いようです。しかし、それでは検索した一項目だけが見えるに過ぎず、育児書のように子どもの育ちの流れを把握することは難しいようです。情報の中から子育てへの共感や、子育て中の自分へ向けてのねぎらいや自尊感情を持つことができるものを選ぶのは簡単ではありません。ところで、現在、子育て講座ではDVDなどの映像を用いるものが多くなってきています。講師がいるのになぜDVDを見るのかとの疑問が出るでしょう。なかには、映像でしか理解に結びつかない行動分析の映像などもありますが、「『映像ではこのように言っている』という間接的な指摘の方が、講師から直接伝えられるよりも客観的に受け止めることができる」との意見が親たちから出ているからです。紙芝居の上演は、DVDなどの教材と講師が直接伝えることの中間にあり、視覚的に赤ちゃんにも受け入れやすく、親子同時に興味を引き付けることができます。是非、子育て支援の場で生かしたいものです。

　紙芝居「こもりうた」では、寝かしつけてもすぐ起きる赤ちゃんにイライラする母親の姿から「ママ達、みんな大変なんだよね。」との共感を、声掛けをし

図1 紙芝居より「どうしたらいいのかしら」　　図2 紙芝居より「まー　かわいい」

ないでオムツを換える行為から「赤ちゃんから見れば突然の動きはビックリするので必ず声をかけて欲しいんだ」と伝えます。紙芝居は途中で客席とのふれあいを挟むこともできます。ここでは、会場を巻き込んで手遊び『一本橋こちょこちょ』を入れ込みました。親子遊びの楽しさを実感したり、言葉だけでは伝えにくい内容を実演することで明確に伝達できます。結びの場面では、子どもが成長する喜びや、巣立つ日という遠い将来像を想像することで、自分の子育てに誇りと希望を持っていただけるような作品構成としました。

実演してみると、親向けに製作された紙芝居であるにもかかわらず、どの会場でも、赤ちゃんが親の膝で真剣に見入っており、色彩のはっきりした絵が赤ちゃんに受け入れられ、泣き声や歌などの生の声に敏感に反応しながら、手遊びを笑顔で楽しむ親子の姿がありました。

〔「子育てかるた」で知識とゆとりを〕

「子育てかるた」は、現代の子育てが多くの人による共同作用に繋がるようにとの願いを持って作成したものです。①子育てへの共感（しんどさの共有）、②子育てにかかわる知恵や日本の文化を知る、③子育ての楽しさの再認識、が達成できるように吟味し、幼児・小学生・思春期を迎えた人・おとな、高齢者など、多様な年齢層・立場で楽しみながら子育てを具体的に理解できるように配慮しました。読み札は、ことわざ同様、心に残るフレーズで構成されており、新たな視点で自分の子育てを見直したり、自分自身や自分の子育てを認める契機にしたり、不安の解消・課題解決に結びつく要素を数多く持っています。かるた

図3　子育てかるたのポスター（一部）

　遊びには3人以上必要なので、誘われ、たまたま一緒に遊んだ結果、子育ての持つ意味や知識を習うことなく受け入れたり、疑似体験したりすることができるという特徴もあります。丁寧に描かれた絵札は、内容の理解を助けると共に、親と一緒に講座に参加した幼児も楽しんでかるた遊びができ、母がかるたに向き合う時間の保証にもなっています。また、人と人の交わりの温かさや季節感を感じること等、子どもたちが豊かな情緒を育むことも期待できます。
　ここで取り上げたものは一例です。幼い子どもからおとなまで一緒に楽しみながら、少しでも気持ちの上でゆとりができ、地域での子育ての輪が拡がることや、地域の良さを充分に発揮した支援になることを期待しています。

【参考文献】
沢山美果子『近代家族と子育て』2013　吉川弘文館
須藤功『写真ものがたり　昭和の暮らし6　子どもたち』2006　農山漁村文化協会
子育ての文化研究所『紙芝居・こもりうた』2014
子育ての文化研究所『子育てかるた』2014

(朱まり子)

3. 子育て支援と児童文化財

① 現代の子育て環境

　乳幼児期からのスマートフォン・タブレット端末等の電子機器の長時間使用は、健全な発育を妨げる恐れがあるとして、日本小児科学会・日本小児科医会では、注意を呼びかけています。これらは、人間関係の欠如をもたらし、運動機能・言語機能・五感の発達に阻害を与えるという悪影響が心配されています。しかし、現在、親の中には子どもを乳幼児の時期から、これらの電子機器に子守りをさせている人がいます。絵本や歌のアプリケーションで遊ばせる、アニメーションを見せる、おむつ替えの時のあやす道具として使用する等がみられます。生まれたときからテレビ等の電子メディアが、当たり前のように存在する中で育った子どもが、今親世代になっています。
　日本には、古来より情動的交流を通して人とかかわる力を身につける抱っこやおんぶ、わらべうたやあやし遊び等の文化がありました。さらに四季折々に五感を働かせながら自然とかかわっていた遊び(児童文化活動)がありました。現在、祖先から受け継がれてきた子育ての文化が崩壊して、機器類に頼る子育て文化に代わりつつあります。

② 子どもの本質

🍎 子どもと人とのかかわり

　人間の赤ちゃんは、出産直後から全身のあらゆる感覚器官を使って外界の情報と結びつく能力があることが分かっています。例えば「新生児模倣」とよばれるように生まれてすぐに他者の表情のいくつかを模倣することができます。「もの」、例えばテレビ等に対しても、視覚や音声刺激に反応することが分かっていますが、画面に関心を示すだけです。新生児は、人の語りかけに同期して手足を動かし、それを見たおとなも無意識に頷き等の動作で反応します。おとなの息遣いや匂いなども自然と伝わっていきます。つまり、赤ちゃんは、「もの」よりも「人」からの働きかけに対して視、聴、触、嗅覚などの多種多様な

感覚情報を与えられ、心を発達させていくと考えられています。

　日本では、昔から「目交」という言葉があるように、おとなと子どもが目と目を合わせ、心を通い合わせながら語りかけたり、わらべうたを歌ったりしながら愛情を伝えてきました。このような情動的な交流の蓄積が、まわりの世界へと能動的にかかわる意欲を育てていくのです。

🍎 子どもと自然

　自然界の中には、規則性を持ったリズムが存在します。地球の公転による四季のリズムや自転による昼夜のリズム、月の満ち欠けや潮の満ち引き等も命と深いかかわりを示すリズムと言われています。このような自然界のリズムの中で、私達人間の感性は育まれていきます。特に乳幼児期は、五感が著しく発達する時期です。そして、子どもは自然に寄り添う存在で、現実と非現実を行き来しながらアニミズムの世界に生きています。神沢利子作・片山健絵『いいことってどんなこと』(福音館書店1993)は、子どもが自然から学ぶことを教えてくれる物語絵本です。主人公の女の子が雪解けの季節、屋根からつたうしずくが嬉しそうに踊って歌っているのを聞いてしずくに尋ねます。「どうしてそんなにうれしいの」。しずくは「いいことがあるからよ」と答えるだけです。「いいことってどんなことかしら」と女の子は外に出ていきます。そして、ことり、川、風、リスに尋ねていきます。しかし、自然は「いいことがあるからよ」としか答えてはくれません。雪の野原に残された女の子は、転んでしまいます。そして、雪の下から聞こえてくる声に導かれ雪をすくってみると中からきんいろの花が顔を覗かせました。女の子は、自然とかかわりながら、「いいこと」は春の訪れだと気づくのです。

🍎 子どもと児童文化財

　子どもが育つ過程の中で、「人とのかかわり」、「自然とのかかわり」の重要性について述べてきました。そして、子育ての文化は、「人とのかかわり」「自然とのかかわり」の中で、有形・無形の児童文化財を生み出してきました。その例として、わらべうた(遊び)やあやし遊び、伝承遊び、玩具等があげられます。現代になるにしたがって、わらべうたは歌われなくなり、わらべうた遊び、あ

図4 『いいことってどんなこと』(神沢利子作　片山健絵　1993　福音館書店)表紙

やし遊び、伝承遊びも継承されなくなりました。玩具は、自然物を利用したものや手作りのものから既製品へと変化し、スマートフォン等の電子機器類が玩具になるという時代です。電子機器類の玩具は、プログラミングされ、遊び方が固定されています。子ども達はその中で遊ばされており、自発的な遊びにつながりにくいといえます。一方、シンプルな玩具は、遊びが固定化されておらず、子どもは想像力を働かせながらかかわることにより、さまざまな遊びを生み出していきます。

　次に紹介するのは、0、1、2歳児が集まる子育て支援の現場で、人形劇鑑賞の後、人形を作るというワークショップを行った時のエピソードです。人形作りはタオルを用いた簡単なものでしたが、参加者のお母さん達は真剣に取り組んでおられ、子ども達は初め、退屈な様子でした。最後の仕上げは人形の顔にシールの目を貼ることでしたが、子ども達は、お母さん達の人形ができあがるのが待ちきれませんでした。子どもの様子をふと見ると、目玉のシールをテーブルに一列に並べて線路のようにして遊んでいました。そして、一人がそれをやり始めると次に続く子どもが出てきて、集団の遊びへと広がっていきました。子ども達は、自ら遊びを創り出し、おとなが予想もしない遊びへと発展させていきました。

　またある子育て支援の現場では、「ロウ」を使って積み木のようにして遊ぶ子

図5　目玉（撮影：朱まり子）　　図6　コマ（撮影：朱まり子）

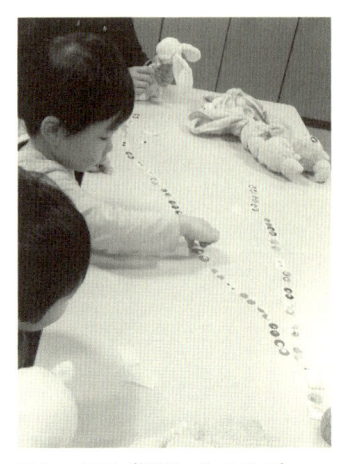

どもの姿が見られました。おとなは「コマ」は回すものという固定観念を持っていますが、子どもの発想は実にユニークです。わざわざ玩具を買わなくても子ども達は自由な発想で玩具を創り出し、遊んでいきます。おとなは子どもの遊ぶ力を知り、想像の翼を広げる遊びの環境を創っていく努力をしなくてはなりません。

③ 今、子育て支援に必要なこと

最後に、少し長いですが、麻生武の遊び論を引用します。

　子どもが『遊び』を知るのは、その子どもを相手にして周囲のおとな（年長者）が遊んでくれるからです。お母さんやお父さんが遊んでくれなければ、おばあさんやおじいさんでもよいのです。あるいは、保母さんや近所のおばさんや、近所のお兄さんやお姉さんでもよいのです。誰か『遊び』を知っている年長者がそのことたっぷり遊んでやればよいのです。『遊んでもらう』ということは『愛される』ことです。『遊び』とは、幼児に対するおとなの『特殊な態度』＝『ある愛の形』だといってよいかもしれません。子どもたちが可愛いから、おとなは子ども達を相手に『遊び』始めるのです。たくさん『愛

される』＝『遊んでもらう』ことによって、初めて子どもたちは自分自身で『遊べる』存在に成長していくことができるのです。

　子育てにかかわるおとなの責任とは、子どもと正面から向き合い、子どものさまざまな行為に応答していくことでしょう。現在求められている子育て支援は、子育てには、「人とのかかわり」や「自然とのかかわり」が必要であること、子どもの本質を知り、子どもと共に遊ぶことの必要性を伝えていくことであるということができます。

【参考・引用文献】
川村晴子、中西利恵、増原喜代、内山明子『子どもの育ちと遊び』1997　朱鷺書房
小西行郎『赤ちゃんと脳科学』2003　集英社
明和政子『まねが育むヒトの心』2012　岩波書店
麻生武「遊び」岡本夏木他編『講座・幼児の生活と教育2』1994　岩波書店
門脇厚司『子どもの社会力』1999　岩波書店

(浜崎由紀)

おわりに
保育を学ぶ人々と児童文化

🌱 児童文化は物語

　本書では児童文化という概念、歴史、児童文化財、児童文化活動や環境を取り上げました。子どもを取り巻く多彩な「児童文化」は、子どもの暮らしを豊かにする「心の食べ物」です。

　児童文化活動は子どもの身体活動も知的な活動も活発にします。児童文化活動によって子どもは真の楽しさと喜びを見出し、さまざまな経験を自分自身の物語を生きていくための糧とするのです。わらべうた、絵本、児童文学、紙芝居、人形劇、アニメ、ゲームソフト、玩具、伝承遊びと表現や伝達形態が変化しても、そこに物語があるということは共通しています。さまざまな行事は子育ての知恵や祈りを凝縮したものです。そこにも物語は豊かに脈打っています。

　小説家の小川洋子は、臨床心理学者の河合隼雄との対談において、「人は生きていくうえで難しい現実をどうやって受け入れていくかということに直面したときに、それをありのままの形では到底受け入れがたいので、自分の心の形に合うように、その人なりに現実を物語化して記憶にしていくという作業を、必ずやっていると思う」(『生きるとは、自分の物語をつくること』2008　新潮社)と述べています。豊かな物語は子どもの日常生活を充実させ、自尊感情を育てることにつながります。子どもは身近な人たちとかかわるとともに、物語の多彩な登場人物とつながることで多くの「人間関係」を得るのです。現実と物語の双方の人間関係から示唆を得ることは、今日もっと大切に考えてよい事ではないで

しょうか。

🍎 実践しつつ、研究しつつ子どもと歩む

　本書は児童文化財の実践を深く考えていただくために研究の成果も取り入れている点が特徴の一つです。そうした視点と成長している目の前の子どもを見つめることで、子どもと児童文化のかかわりは豊かになると思います。例えば折り紙や紙芝居という日本独自の児童文化財が今日、世界各地に広がっています。またさまざまな言語の翻訳絵本を通して世界の文化の違いを感じ、世界の子どもへの理解も深めているのです。保育を学ぶ人は学生時代に児童文化活動において例えば絵本の読み方を習得しよう、折り紙を子どもにわかりやすく教える工夫をしようといった目標を持つとよいでしょう。その時、保育者として学んでいることを総合的に生かせることでしょう。児童文化活動にあたっては、保育者が納得いくまで児童文化財について検討してほしいと思います。絵本をはじめ保育教材でもある児童文化財を検討し、伝達方法に熟達するため練習や準備を重ねる必要があります。読む、語る、演じるなどの伝達段階で、絵本、紙芝居、人形劇などは、子どもとともにその物語を完成させているのですから。実践と研究を児童文化の車の両輪としていきたいものです。

　本書の特徴は子育て支援や遊び場について論じている点にもあります。今日の多彩な子育て支援活動の充実のためにも児童文化を深く考え、子ども時代を支える人のつながりを強くしたいと思います。日本の子どもとおとなの経済的貧困は文化の貧困とも無縁ではありえません。情報過多でありながら、人間関係は豊かでない子育て環境を改善するため、地域の子育て支援はますます求められるでしょう。広い意味で保育にかかわるすべてのおとなが子どもと共に活動しながら、おとなのなかに存在し続ける「子ども心」を潤していく児童文化活動でありたいものです。児童文学者中川正文は『絵本・わたしの旅立ち』(NPO法人「絵本で子育て」センター　2006)において絵本を子どもに読むことは「親と子が共に経験を同じくするもの。教員と子どもが、共に楽しみ、共に共感し、共に感動することだと考えなければならない。」と述べています。これは児童文化活動全般に通じることなのです。子どもとの文化活動に心から共感する保育者、おとなでありたいものです。

(村川京子)

索引

【ア行】
「赤い鳥」………………8, 16, 32, 33, 34, 35
赤ちゃん人形劇場……………………………66
アニミズム……………………………59, 158
ANIME……………………………………72, 75
阿部ヤヱ………………………………………23
石井桃子………………18, 24, 36, 135, 138
衣裳…………………………………………103
糸操り人形……………………………………61
いぬいとみこ……………………………37, 40
今井よね………………………………………47
巌谷小波…………………………………7, 32, 82
うさこちゃん……………………24, 25, 26
産屋明け……………………………………107
絵雑誌……………………………………16, 28
絵本学会………………………………………19
小川未明………………………………32, 33, 43
お七夜………………………………………106
オシラ人形……………………………………54
お誕生………………………………………107
お伽倶楽部………………………………81, 83
帯祝…………………………………………106
オブジェクト・シアター………………58, 63
お盆…………………………………………110
お面…………………………………………103

【カ行】
街頭紙芝居…………………………………8, 46

影絵人形………………………………………62
片手遣い人形…………………………………60
学校図書館法…………………………………10
金子みすゞ……………………………………34
岸辺福雄…………………………………82, 84
北原白秋……………………………………8, 33
キャラクター商品……………………………80
京都お伽会……………………………………90
食初め………………………………………107
熊見杖童……………………………………83, 89
倉橋惣三…………………………47, 56, 145
久留島武彦……………………………………81
公園…………………………………………122
国際児童年………………………………123, 132
「子育てかるた」……………………………155
子ども・子育て支援新制度………………149
子ども組……………………………………107
『子どもと文学』……………………………43
こどもの城…………………………………132
子どもの読書活動の推進に関する法律……
……………………………………136, 139
『子どもの図書館』………………135, 138

【サ行】
西条八十………………………………………33
七五三………………………………………107
児童厚生施設……………………130, 131, 132
児童サービス…………………………84, 138
児童福祉法………………………………5, 131
児童読物改善ニ関スル指示要綱……………9
『児童読物の研究』…………………………36
修道児童文庫…………………………………83
正月…………………………………………109

少国民文化 ……………………………… 9
「少年倶楽部」 ……………………………… 34
鈴木三重吉 ……………………………… 8, 32
生活綴方運動 ……………………………… 35, 37
生活童話 ……………………………… 35
成人式 ……………………………… 108
節句 ……………………………… 111
総合保育絵本 ……………………………… 28, 29

【タ行】
大政翼賛会 ……………………………… 9, 56
高橋五山 ……………………………… 47, 51
立絵 ……………………………… 63
立絵紙芝居 ……………………………… 45
壺井栄 ……………………………… 35, 36
坪田譲治 ……………………………… 34
ディズニー ……………………………… 73
ディック・ブルーナ ……………………………… 18, 24
手塚治虫 ……………………………… 77
『鉄腕アトム』 ……………………………… 73, 77
テレビアニメ ……………………………… 73
伝承遊び ……………………………… 119, 159
童心主義 ……………………………… 33
鳥越信 ……………………………… 15

【ナ行】
中川正文 ……………………………… 20, 38, 86, 163
中川李枝子 ……………………………… 22, 40
滑川道夫 ……………………………… 6
新美南吉 ……………………………… 35

【ハ行】
初宮参り ……………………………… 107

パネルシアター ……………………………… 48
パペット人形 ……………………………… 61
浜田広介 ……………………………… 33
平絵紙芝居 ……………………………… 45, 46
ブックスタート ……………………………… 140
ブルーナカラー ……………………………… 24
プレーリーダー ……………………………… 124
ペープサート ……………………………… 48
保育所保育指針 ……………………………… 50, 57
放課後児童クラブ ……………………………… 131
放課後児童健全育成事業 ……………………………… 131
冒険遊び場 ……………………………… 123
棒遣い人形 ……………………………… 59
ポケモン事件 ……………………………… 79

【マ行】
まきとり絵 ……………………………… 48
松谷みよ子 ……………………………… 37, 40
マリオネット ……………………………… 61
三日祝い ……………………………… 106
ミッフィー ……………………………… 25
宮崎駿 ……………………………… 71
宮沢賢治 ……………………………… 33, 35
虫プロダクション ……………………………… 73, 78

【ヤ行】
幼稚園教育要領 ……………………………… 50, 57

【ワ行】
わらべうた ……………………………… 22, 23, 33, 157, 158

索引
165

編著者紹介 *執筆順

川北典子（かわきた・のりこ）　1章、3章、4章1、7章、10章、11章1、12章1
京都女子大学・同大学院で故・中川正文名誉教授に師事し、児童文化学を学ぶ。龍谷大学短期大学部、関西保育福祉専門学校、平安女学院大学を経て、現在大谷大学教育学部教授。児童文化学・保育学・児童福祉学を研究領域としながら保育者養成に携わる。主な著書に、『子どもの育ちを支える児童文化』（編著　あいり出版）、『児童文化の伝統と現在Ⅰ・Ⅱ・Ⅲ』（共編著　ミネルヴァ書房）、『はじめて学ぶ日本の絵本史Ⅰ・Ⅱ』（共著　ミネルヴァ書房）など。

村川京子（むらかわ・きょうこ）　2章、4章2
京都女子大学卒業、聖和大学大学院博士後期課程満期修了、教育学修士。
京都女子大子どもの劇場・地域文庫・親子劇場に学生時代からかかわる。現在関西学院短期大学非常勤講師、元大阪人間科学大学教授。児童文化学、保育内容領域「言葉」「人間関係」などを担当。主な著書に、『児童文化の伝統と現在Ⅲ』（共著　ミネルヴァ書房）、『はじめて学ぶ日本の絵本史Ⅰ・Ⅱ・Ⅲ』（共著　ミネルヴァ書房）、『新子どもの言葉』（共著　三晃書房）、『児童文化がひらく豊かな保育実践』（共著　保育出版社）など。

松崎行代（まつざき・ゆきよ）　5章、8章、9章
京都女子大学家政学部児童学科卒業。同大学大学院発達教育学研究科児童学専攻修了、児童学修士。京都女子大学大学院現代社会研究科博士後期課程公共圏創成専攻修了、現代社会博士。飯田女子短期大学を経て、現在、京都女子大学発達教育学部教育学科教授。著書に、『児童文化の伝統と現在Ⅱ』（共編著　ミネルヴァ書房）、『地域社会からみた人形劇フェスタ　飯田市民2500人が参加する背景を探る』（単著　晃洋書房）、『遊びからはじまる（こどものみらい叢書）』（単著　世界思想社）などがある。

共著者紹介 *執筆順

糸井嘉（いとい・よしみ）　　　元平安女学院大学短期大学部　助教　6章
浜崎由紀（はまさき・ゆき）　　京都芸術大学　准教授　11章2、12章3
山田千都留（やまだ・ちづる）　京都市北図書館　司書　11章3
朱まり子（しゅ・まりこ）　　　子育ての文化研究所　代表　12章2

子どもの生活と児童文化

| 2015年10月13日 | 第1版第1刷発行 |
| 2024年4月20日 | 第1版第11刷発行 |

編著者	川北典子　村川京子　松崎行代
発行者	矢部敬一
発行所	株式会社　創元社
	本　　社　〒541-0047大阪市中央区淡路町4-3-6
	TEL.06-6231-9010(代)
	FAX.06-6233-3111
	東京支店　〒101-0051東京都千代田区神田神保町1-2
	田辺ビル
	TEL.03-6811-0662
	http://www.sogensha.co.jp/
造　本	上野かおる（中島佳那子［驀草ヅザイン事務所］）
印刷・製本	株式会社　フジプラス

©2015, Printed in Japan　ISBN978-4-422-12063-8 C3037
〈検印廃止〉
落丁・乱丁のときはお取り替えいたします。定価はカバーに表記してあります。

JCOPY〈出版者著作権管理機構　委託出版物〉
本書の無断複製は著作権法上での例外を除き禁じられています。複製される場合は、そのつど事前に、出版者著作権管理機構（電話03-5244-5088、FAX03-5244-5089、e-mail: info@jcopy.or.jp）の許諾を得てください。

本書の感想をお寄せください
投稿フォームはこちらから ▶▶▶